O Caminho é a Meta
GANDHI HOJE

JOHAN GALTUNG

O Caminho é a Meta
GANDHI HOJE

versão abreviada

tradução
Humberto Mariotti

Editora Palas Athena

Título original: *The way is the goal: Gandhi today*
(Abridged Version)

Coordenação editorial	*Emilio Moufarrige*
Revisão técnica	*Lia Diskin*
Revisão de provas	*Lucia Brandão Saft Moufarrige*
	Therezinha Siqueira Campos
Projeto gráfico	*Maria do Carmo de Oliveira*
Impressão e acabamento	*Gráfica Palas Athena*

Dados de Catalogação na Publicação (CIP) Internacional
(Câmara Brasileira do Livro, SP, Brasil)

Galtung, Johan
O Caminho é a meta : Gandhi hoje / Johan Galtung ; tradução Humberto Mariotti. -- São Paulo : Palas Athena, 2003.

Título original em inglês : The way is the goal : Gandhi today (Abridged Version)

Bibliografia.
200 págs. 16 x 23 cm
ISBN 85-7242-045-2

1. Administração de conflitos 2. Conflito social 3. Gandhi, Mahatma, 1869-1948 - Pontos de vista políticos e sociais 4. Índia - Política e governo 5. Paz 6. Solução de problemas I. Título.

03-4830 CDD- 320.954

Índices para catálogo sistemático
1. Políticos indianos : Vida e obra 320.954

Direitos adquiridos para a língua portuguesa por
EDITORA PALAS ATHENA
Rua Serra de Paracaina, 240 - Cambuci
01522-020 - São Paulo - SP - Brasil
fone: (11) 3209.6288 - fax: (11) 3277.8137
www.palasathena.org editora@palasathena.org

2003

PREFÁCIO

O leitor tem o direito de saber algo sobre a relação entre um autor e seu livro: está prestes a se relacionar com o livro, e por isso pode lhe ser útil saber um pouco sobre o autor.

Nasci em Oslo, Noruega, em 1930. Era ainda um garoto, quando aconteceu a invasão alemã em 1940, ao longo da ocupação (1940-1945), durante o traiçoeiro empenho de Quisling para nazificar o país à sua maneira, e quando meu pai foi libertado de um campo de concentração. A maioria dos noruegueses teve experiências similares, algumas piores, outras melhores. Para todos nós, duas questões se tornaram indagações existenciais depois do fim da guerra, em 1945: como evitar um novo conflito? Se ainda assim ele acontecesse, como resistir à ocupação?

Alguns anos mais tarde, minhas conclusões fizeram com que eu me tornasse um *opositor consciente* ao serviço militar e fizesse *pesquisas para a paz* como um esforço construtivo – pelo menos do meu ponto de vista – para enfrentar esses problemas. A mesma questão transportou o *establishment* norueguês da política de ligação entre Leste e Oeste (1945-1949) para a da construção da OTAN – a segurança coletiva do Ocidente e o rearmamento. Mas essa jamais foi uma decisão fácil de tomar, nem na verdade de seguir. Houve, no *establishment*, um forte sentimento de que algo mais precisava ser feito.

No começo da década de 1950, esse "algo mais" tornou-se um dos primeiros esforços do Ocidente para compensar os danos do colonialismo, na esperança de que isso de algum modo também fosse relevante para a resolução do conflito Oriente-Ocidente: a *ajuda ao desenvolvimento*. Em 1952, o governo norueguês lançou o que depois se transformou no Projeto Indo-Norueguês (INP), em Kerala, Índia.

Já naquela época, muitas pessoas achavam que esse novo tipo de relacionamento entre um país "mais desenvolvido" e um "menos desenvolvido" deveria ser simétrico. Deveríamos também aprender com a Índia. O filósofo norueguês Arne Naess (tão importante naquele tempo quanto hoje) anunciou que daria uma série de conferências sobre a *ética política* de Gandhi. Precisava de um assistente, e eu – então aluno de matemática na faculdade de ciências naturais, e de sociologia na de humanidades – me tornei esse auxiliar. O resultado foi um livro em norueguês, com o título de *A ética política de Gandhi* (Oslo, Tanum, 1955; segunda edição, Oslo, Pax, 1968; terceira edição, Oslo, Pax, 1994). Todas essas circunstâncias também constituíram o modo como comecei a pesquisar sobre a paz.

Na verdade, muito deste livro foi escrito na prisão (1954-1955). Eu me recusara a cumprir os seis meses adicionais "preventivos" de serviço alternativo destinados aos dissidentes, a menos que eles pudessem ser utilizados trabalhando para a paz. Inscrevera-me para trabalhar como auxiliar de estatística na Noruega para o Projeto Indo-Norueguês, mas não fui aceito. A prisão não foi um mau lugar para refletir sobre Gandhi. A detenção faz com que vejamos a sociedade por outro ângulo e, acima de tudo, com que percebamos com muita clareza que a linha entre as pessoas boas e as más não é traçada pelo muro da cadeia. Às vezes, é até possível sentir que a proporção de indivíduos "maus" é maior fora do que dentro; eles apenas foram espertos demais para se deixar apanhar.

Mais tarde, tive muitas ocasiões para ir à Índia, em parte para estudar o Projeto Indo-Norueguês, em Kerala, em parte para trabalhar mais o assunto Gandhi. Uma dessas oportunidades ocorreu na primavera de 1969, quando fui convidado pelo falecido Dr. Sugata Dasgupta para o Instituto Gandhiano de Estudos, em Rajghat, Varanasi. Outra ocasião aconteceu na primavera de 1971, quando aceitei um convite da Escola de Estudos Internacionais da Universidade Jawaharlal Nehru para ficar um período na Fundação Gandhi para a Paz. Em 1982, surgiu uma terceira oportunidade: fui convidado pelo professor Ramlal Parikh, hoje Vice-Reitor da Gujarat Vidyapith, uma universidade em Ahmedabad, fundada pelo próprio Gandhi nas proximidades de seu *ashram* (comunidade). Lá, dei também uma conferência em honra à memória de Gandhi. A quarta e a quinta ocasiões aconteceram no mesmo lugar, em 1984, quando coletei mais material.

Permitam-me expressar minha gratidão a algumas pessoas que foram muito importantes para este trabalho.

Em primeiro lugar, meu velho amigo e professor Arne Naess. Recomendo enfaticamente ao leitor que conheça a sua obra *Gandhi e os conflitos grupais* (*Gandhi and Group Conflict*. Oslo, Universitetsforlaget, 1974). Este meu livro complementa o dele, mas trilha o mesmo terreno. O professor Naess se interessa mais por filosofia e principalmente por ética; meu maior interesse é a formação concreta das sociedades, seus modos empírico e potencial, e a psicologia, sociologia, etc., dos conflitos. Mas a superposição entre as duas obras é considerável, em especial por causa do que aprendi com ele. Nessa mesma linha, agradeço também a Wenche Nielsen, que trabalhou como pesquisador assistente durante nossa estada em Varanasi, em 1969.

Em Varanasi, também tive oportunidade de conhecer dois outros grandes indianos do século 20, Vinoba Bhave e Jayaprakash Narayan. Ambos foram sucessores de Gandhi: Bhave talvez mais inclinado para o lado *sarvodaya* da moeda, Narayan talvez mais para a face *satyagraha*, isto é, mais "político" em sua abordagem. Minhas conversas com Narayan foram inúmeras e ocorreram em muitas ocasiões desde a primeira vez, em 1960, quando atuei como intérprete, na Índia, entre ele e Danilo Dolci, o "Gandhi da Sicília", o que aconteceu várias vezes nos anos 1970.

Em 1971, em Nova Délhi, tive a sorte de ter grande parte da interpretação de Gandhi implícita neste livro criticada por destacados especialistas gandhianos, como Sugata Dasgupta e Ramlal Parikh. Além disso, gostaria muito de agradecer ao professor K. L. Misra, da Universidade Jawaharlal Nehru, e a Ramchandran e Radha Krishna, da Fundação Gandhi para a Paz. Mais tarde, discuti essas questões com alguns dos excelentes pesquisadores do Centro para o Estudo das Sociedades em Desenvolvimento, em Nova Délhi, em especial com Srivastava, Roy, Kothari e Nandi. A todos, minha profunda gratidão. Sei que nenhum deles concordará com tudo, e que deles sem dúvida ainda virão excelentes análises de Gandhi e seu trabalho.

Acima de tudo – e embora isso seja um tanto presunçoso –, permitam-me expressar minha gratidão ao próprio Gandhi, esse grande homem. Jamais esquecerei o sentimento – que surge quando se ultrapassa a fascinação pelo Gandhi político e a admiração pelo Gandhi religioso – de respeito pelo Gandhi intelectual: o analista que aborda todas as questões de um modo diferente porque tem outros conceitos, outras maneiras de ver o mundo. O Oriente e o Ocidente – tal como esses termos são usados no Ocidente, em referência ao conflito oriental-ocidental –, tornam-se muito semelhantes quando vistos pelos olhos de Gandhi, que se distancia de ambos e é um crítico rigoroso da "moderna" civilização industrial. E também porque ele rejeita a violência – tanto a direta quanto a estrutural –, a guerra, a repressão e a exploração, e o faz não só por meio de palavras mas pela resistência.

Nessa linha de pensamento, sua crítica se torna também a crítica de nada menos que a civilização ocidental. Nela há uma posição ainda mais essencial do que o hinduísmo: trata-se do sentimento geral da humanidade e da história da Unidade-do-Homem – e mesmo da Unidade-da-Vida –, que o fez rejeitar com igual rigor tanto a feroz violência estrutural do sistema indiano de castas e o imperialismo capitalista ocidental, quanto a violência direta do colonialismo e dos conflitos coletivos. Na verdade, estamos falando de uma pessoa rara, especialmente em nosso século dilacerado pela guerra e pelo crescimento econômico.

Contudo, ninguém pode falar disso melhor que o próprio Gandhi. Ele deve ser lido diretamente, em primeira mão, nas muitas e excelentes coleções de seus grandes escritos e, acima de tudo, em sua autobiografia *Minha vida e minhas experiências com a verdade*. Ainda assim, alguns comentários e interpretações – embora sejam uma espécie bastante acessória de atividade intelectual – talvez possam ser úteis para a compreensão da extensão da visão e da práxis desse grande homem.

Berlim, março, 1984
Johan Galtung

Depois da publicação deste livro em alemão *(Der Weg ist das Ziel)* e em italiano *(Gandhi Oggi)*, em 1987, algumas pequenas revisões foram feitas para atualizá-lo. Mais uma vez, beneficiei-me do convite para dar um curso na Gujarat Vidyapith, e quero expressar minha gratidão a

Ramlal Parikh, pela ajuda e pelos *insights* que tive em discussões com ele e seus colaboradores.

Gujarat Vidyapith
Ahmedabad, dezembro, 1989
Johan Galtung

Com o encorajamento do meu amigo Ramlal Parikh, sai uma nova edição deste livro, agora abreviada. Houve pequenas modificações, que atualizaram o texto, e o acréscimo de um capítulo: "A não-violência depois de Gandhi". Para a bibliografia e citações gandhianas, o leitor deve consultar a edição de 1992.

Gujarat Vidyapith, Ahmedabad
2 de outubro de 1995 – 125º aniversário
Johan Galtung

SUMÁRIO

1. O GANDHI POLÍTICO

1.1 O Gandhi histórico: uma visão panorâmica

Gandhi foi um santo e um advogado. Foi também um *homo politicus*, um animal político. Algumas pessoas são santas, existem muitos advogados, e animais políticos não são nada raros. A incrível força de Gandhi foi integrar os três de um modo que continuará sempre a nos deixar perplexos, e também a servir como fonte de inspiração.

Escolhi começar pelo Gandhi político e com uma questão simples: quais foram as grandes lutas de que ele participou? Penso então em campanhas concretas na África do Sul e na Índia, desde 1893, quando ele aceitou sua primeira delegação na África do Sul – que durou vinte anos –, até o seu assassinato em 30 de janeiro de 1948. Sete campanhas parecem destacar-se:

1. Contra o racismo, na África do Sul.
2. Pela Independência *(swaraj)*.
3. Contra o sistema de castas, em favor dos intocáveis (os *harijans*).
4. Contra a exploração econômica, em favor de uma nova ordem econômica *(sarvodaya)*.

5. Por um modo não-violento de lutar (*satyagraha*).
6. Contra conflitos comunitários entre hindus e muçulmanos.
7. Contra o sexismo, pela liberação das mulheres.

Para dizer o mínimo, esta é uma lista impressionante, que exigiu a dedicação de Gandhi em termos de tempo, energia e força mental. Para não falar em todos os riscos pessoais que ele correu em todos esses sete esforços, a maioria deles num período de tempo que abrange mais do que a vida política ativa da maioria das pessoas.

Neste ponto, já podemos tirar duas conclusões de certa importância para a compreensão de Gandhi. Primeira: a luta por uma vida melhor para o aperfeiçoamento da sociedade tem muitas dimensões. Qualquer uma das sete acima mencionadas não é suficiente – e ele certamente acharia que muitas outras poderiam ser acrescentadas. Segunda: por trás dos itens da lista há uma orientação geral – filosófica e política – contra qualquer espécie de repressão e exploração, seja ela na forma de colonialismo, castismo, capitalismo, racismo ou sexismo. Mas há também outro elemento: a fé na cooperação em bases iguais, para não falar num modo específico de lutar – não-violentamente – em todas essas importantes contendas. Assim, para Gandhi a abordagem tem de ser global. Mas há também absoluta necessidade de alguns princípios orientadores muito amplos.

Ele próprio sofreu pessoalmente todos esses conflitos, exceto o último. Foi um indiano na África do Sul. Foi um súdito colonial. Como indiano, deve ter refletido sobre o comportamento das altas castas de seu país (ele mesmo era da casta comercial, um *banya*, pertencente à *vaishya*, em termos gerais a casta que ocupa o terceiro lugar no sistema clássico. Fica abaixo da *brahmin*, a casta sacerdotal, e da dos guerreiros ou *kshatriyas*. Mas certamente está acima da casta dos camponeses/trabalhadores, os *shudras*). Gandhi viu o capitalismo em ação e aprendeu pessoalmente a maioria de suas expressões concretas, na Índia, África do Sul e Inglaterra, onde pôde comparar as condições mais baixas e as mais altas, não apenas dentro desses países mas entre eles.

Na condição de hindu, viu-se exposto à violência dos brancos contra a sua gente, e desta em relação aos muçulmanos. Em outras palavras, ele próprio era parte do conflito, mas ainda assim capaz de colocar-se acima deste em razão dos princípios mais altos que examinaremos em detalhe. Não há dúvida de que aquilo que Gandhi aprendeu num determinado conflito reforçou sua abordagem ao próximo.

Não é preciso dizer que, do ponto de vista da população indiana em geral, nem todas essas lutas foram igualmente importantes ou identicamente bem entendidas. Em 1962, em duas aldeias em Kerala, sul da Índia, fiz uma pesquisa de opinião ligada ao Projeto Indo-Norueguês que naquela época ali atuava. O objetivo foi obter algumas impressões sobre como um projeto como aquele era percebido pela "população-alvo" local.

Sendo eu próprio um aluno de Gandhi, incluí uma questão a seu respeito no questionário sobre pesca e ajuda ao desenvolvimento:

De tudo o que o Mahatma Gandhi fez, o que você acha que foi mais importante?

A independência da Índia	A melhoria social dos intocáveis	*Sarvodaya* a melhoria rural	A prática da não-violência	Outros	Não sei	Total
74,4%	**8,0%**	**2,9%**	**7,5%**	**0,6%**	**6,6%**	**100%**

Ao todo, 477 indivíduos foram entrevistados nas duas aldeias, uma hindu e a outra católica. Todos eram chefes de família e, por várias razões, não se considerou oportuno pôr nos questionários as campanhas de número um, seis e sete acima registradas. Como o leitor pode ver, não há dúvida de que Gandhi é o Pai da Nação, e o destaque vai para a luta concreta pela independência da Índia. É claro que uma amostra de quinhentos chefes de família em duas aldeias pesqueiras do sul indiano não é necessariamente representativa do país, mas também não é necessariamente não-representativa. Pode-se então perguntar: por que a independência foi um evento concreto, único, ocorrido em agosto de 1947, enquanto as outras campanhas foram aparentemente processos infindáveis, que prosseguiam com altos e baixos e sem um término claramente visível?

Essa amostragem pode ser uma razão. Outra emerge da lista das sete campanhas: nem todas elas foram igualmente bem-sucedidas. A da África do Sul é desconhecida para a maioria das pessoas; além disso, não foi em favor dos negros. A peleja pelo *swaraj* – o autogoverno – foi bem-sucedida e não apenas em relação à Índia. Com a queda desse país, o Império Britânico se desintegrou e com ele o colonialismo ocidental – essa idéia repugnante de ocidentais serem os proprietários de outros povos e seus países, donos de pessoas e não só de escravos. Muitos poderiam acrescentar que o esforço pelos direitos das mulheres no qual Gandhi se envolveu – talvez mais no plano geral do que na relação com sua própria esposa e com as mulheres que o cercavam – também foi bem-sucedido, pelo menos em relação às classes média e alta da Índia.

Mas não houve reconciliação entre hindus e muçulmanos – muito pelo contrário. A independência foi garantida não apenas para a Índia, mas também para a República Islâmica do Paquistão, que naquele tempo tinha uma parte ocidental e outra oriental, esta hoje conhecida como Bangladesh.

Quanto às outras três, o quadro é misto. Houve sem dúvida uma ascensão social dos intocáveis *(harijans*, hoje *dalit)*, mas não exatamente a imaginada por Gandhi. Porém não se pode dizer que a desigualdade de castas e a exploração foram abolidas ou significativamente reduzidas. Deve-se também lembrar que Gandhi não era contra as castas em si. A seu ver, era bom para as pessoas conhecer sua profissão desde o nascimento, do mesmo modo que conhecem o seu gênero: em parte porque assim não precisariam perder tempo escolhendo ocupações, e em vez disso poderiam concentrar-se em seu desenvolvimento interno e em ações sociais justificáveis; e em parte porque essa atitude poderia limitar o número de pessoas de determinada profissão aos que nasceram nela, protegendo-as como faz um sindicato. O argumento de Gandhi não era abolir as castas, mas substituir o sistema vertical – não-igualitário, explorador e propiciador da intocabilidade – por um horizontal, mesmo que a conseqüência final fosse a inacessibilidade.

Restam as duas grandes questões nas quais este livro está especialmente interessado: o *sarvodaya* e o *satyagraha*. Nos termos concretos da política européia das décadas de 1980 e 1990, eles podem ser mais ou menos comparados respectivamente ao movimento verde e à mobilização em favor da paz. O *sarvodaya* representa um sistema republicano de aldeias economicamente autônomas, ligadas entre si pelo que Gandhi chama poeticamente de um "círculo oceânico" de trocas, não apenas econômicas, de bens e serviços, mas também de encontros e interações. O princípio básico é ser tão autoconfiante quanto possível e fazer as coisas por si mesmo sempre que praticável – o *swadeshi* (autoproduzido). A simbologia do princípio do *swadeshi* – a fiação em rocas, em especial do tecido de algodão branco *(khadi)* com o qual os indianos tão freqüentemente se vestem, tecido um tanto áspero, mas muito conveniente no clima da Índia – foi a recusa (que ainda acontece) aos têxteis importados da Inglaterra não só pelo movimento gandhiano mas por toda a Índia. A necessidade de proteção e privacidade do corpo foi satisfeita localmente e de um modo autoconfiante.

Em seguida vem o *satyagraha*, que é uma forma de alcançar a Verdade (*satya*) atuando no conflito de modo a sustentá-la. Com muita freqüência, Gandhi usa as palavras Bem, Verdade, Amor e Deus com o mesmo significado. Na maioria das frases elas podem ser intercambiadas. É claro que aqui entra a sua firme fidelidade ao *ahimsa* (não-violência), e não só no sentido de não ser violento em relação a seres humanos. Trata-se de não ser violento em relação a qualquer criatura, por meio de pensamentos, palavras ou obras.

A questão, assim, é bem mais ampla do que a política concreta no sentido em que ela é concebida no Ocidente. O *satyagraha* implica também a antiga tradição hindu da sacralidade das vacas, escolhidas mais como símbolo da santidade da vida animal do que por uma reverência material pelos bovinos em particular. Assim, descobre-se que Gandhi pode estar muito preocupado com o estado de saúde de uma determinada vaca, dividindo a sua atenção entre ela e o futuro do Império Britânico. E também se verifica, é claro, que ao longo de sua vida ele foi – na teoria e na prática – o que no Ocidente muitas vezes se chama de vegetariano. Com efeito, Gandhi não só evitava alimentos derivados de animais, mas também reduzia sua alimentação a muito poucos ingredientes, vindos do que poderíamos chamar de reinos vegetal e mineral. Era decididamente contra o "carnivorismo" ocidental.

Se a medida do seu sucesso for verificar até que ponto a Índia de hoje pratica o *sarvodaya* e o *satyagraha*, não se pode deixar de concluir que ele falhou em ambas as questões. Entretanto, a essa conclusão um tanto simplista devem ser acrescentados de imediato três comentários.

Primeiro. Quem pode afirmar que o teste da validade de uma idéia deve se limitar ao país em que ela surgiu, ou à pessoa que a praticou durante a maior parte de sua vida? Se essa suposição fosse usada como um princípio para julgar o cristianismo, por exemplo, ele seria certamente considerado um melancólico fracasso. Como se sabe, a maior religião do mundo (em termos quantitativos) é insignificante na Palestina – lugar onde ela emergiu –, hoje habitada por israelitas judeus e, principalmente, por palestinos muçulmanos. Pode-se dizer que o maior impacto de Gandhi não foi só na Índia, mas também fora dela, no grande ímpeto que ele deu aos movimentos verdes e alternativos e às mobilizações de não-violência e paz em toda parte. Como o budismo, o gandhismo tornou-se um produto de exportação; como o budismo, ele não teve de ser exportado para muito longe. Hoje, o Sri Lanka é um país de maioria budista, onde também se encontram talvez os mais importantes frutos do *sarvodaya* – o Sarvodaya Shramadana International. Trata-se de um movimento de expressão internacional liderado por Ariyaratne, cuja sede fica perto de Colombo. Contudo, como na Índia, o governo pensa e age segundo outras linhas – e o Sri Lanka está em guerra interna.

Segundo. É verdade que a Índia hoje tem um exército, que Goa foi conquistada militarmente, que muita violência pode ser vista no país, parte dela exercida pelas autoridades públicas, incluindo o governo central. Entretanto, comparemos a violência ou sua ameaça na Índia com o nível correspondente na Europa, um continente mais ou menos do mesmo tamanho! A Índia tem vinte e dois estados, mas são desarmados em relação uns aos outros. Há conflitos dentro desses estados e entre eles. Mas esse país não tem o primitivismo de uma Europa dividida em três: uma católica/ protestante, uma ortodoxa e uma muçulmana.

Na Índia, a maioria dos conflitos é resolvida não-violentamente, por meio de negociações, ações políticas, pela autoridade exercida por um Estado relativamente fraco. Fraco em relação a Washington e Moscou, por exemplo, para mencionar outras federações gigantescas. Pequim poderia ser acrescentada a essa lista. Comparada à Europa, a Índia é um sistema interestadual muito bem-sucedido. Embora seja difícil comprovar, talvez se possa localizar alguns elementos do trabalho de Gandhi nisso tudo. Mas seria necessário acrescentar, de imediato, que há uma corrente de não-violência na tradição hindu, que se expressa tanto na relativa tranqüilidade do subcontinente indiano quanto no pensamento e ação gandhianos. Algo semelhante poderia ser dito sobre o milagre de que a Índia tenha se mantido democrática. Uma tradição fortemente individualista e verbal deve predispor à democracia. Todavia, Gandhi acrescentou a essa condição uma incrível mobilização e participação política como mecanismo de resolução de conflitos.

Terceiro. É certo que a Índia atual é de um modo geral um sistema capitalista, com elementos feudais pré-capitalistas, bem como aspectos pós-capitalistas estatais/burocráticos e socialistas, agora em fase de abolição. Para dizer o mínimo, *a Índia é complexa.* Entretanto, nessa perspectiva da história econômica humana, pode-se ainda detectar outra particularidade: uma forte tendência para a independência econômica, tanto no plano do subcontinente quanto no do Estado e das aldeias. Essa propensão assume tanto quanto possível a forma de auto-suficiência. Tenta-se diminuir as importações e usar os recursos disponíveis dentro das próprias fronteiras e para fins próprios. Ela pode também se manifestar como um puritanismo ou simplicidade voluntária, que na verdade não são adotados por todos, mas por muitos e de maneira significativa. No interlúdio entre os dois governos de Indira Gandhi, o partido Janata colocou-se mais ou menos a favor do princípio da autoconfiança – a auto-suficiência com trocas justas. Essas posições podem voltar; a tradição ainda existe, mesmo sabendo-se que a globalização liberalizante e a privatização são os *slogans* da atualidade.

Portanto, dizer que Gandhi não foi bem-sucedido nisso ou naquilo é fácil demais; é ter uma visão histórica limitada. Não sabemos; pelo menos ainda não. As gerações vindouras perceberão a questão de um modo claramente diverso do nosso, assim como hoje vemos, de uma forma mais clara do que na época da morte de Gandhi, que ele pode ser uma fonte de inspiração bem maior fora do que dentro de seu país. Mas esse aspecto ainda nos deixa com o problema de explicar por que ele não teve mais sucesso, e por que o foi mais em algumas áreas do que em outras.

A resposta mais simples é esta: porque ele lutava contra forças colossais ou, de um modo mais correto, contra *estruturas* tão firmemente entrincheiradas que se tornaram fortes demais mesmo para a sua competência. Vejamos a comparação abaixo, entre os sistemas de castas em quatro civilizações importantes: a Índia Clássica, a Europa Feudal, a China Feudal e o Japão Tokugawa, também chamado de "feudal", embora provavelmente nunca tenha sido "desfeudalizado":

Tabela 1

Índia Clássica	Europa Feudal	China Feudal	Japão Tokugawa
(1) *Brahmins* (brâmanes – sacerdotes, mestres religiosos)	*Clero*	*Shi'h* (nobreza, eruditos)	*Shi* (samurais, militares, nobreza)
(2) *Kshatriyas* (aristocratas, guerreiros)	*Nobreza* (proprietários de terras, militares)	*Nung* (fazendeiros)	*No* (fazendeiros)
(3) *Vaishyas* (comerciantes e mercadores)	*Burgueses* (comerciantes e mercadores)	*Kung* (artesãos)	*Ko* (fazendeiros)
(4) *Shudras* (fazendeiros, trabalhadores)	*Camponeses* (trabalhadores)	*Shang* (mercadores)	*Sho* (mercadores)
(5) *Pariahs* (párias, *harijans* – sem-casta, intocáveis)	Judeus, árabes, ciganos, mulheres	Estrangeiros, mulheres	Estrangeiros, *burakumin,* mulheres

Examinemos as seis campanhas que marcaram as lutas de Gandhi na Índia, à luz do sistema de castas da Índia Clássica. Em seguida, comparemos o seu esforço com outros em várias partes do mundo, de modo a perceber a múltipla revolução gandhiana – ou sua tentativa – numa perspectiva comparativa.

Se considerarmos que uma sociedade moderna – na Europa, Índia, China ou Japão – é governada por burocratas (privados ou estatais), capitalistas, e pela *intelligentsia*, apoiados pela polícia, pelos militares, e vigiados por partidos políticos, numa democracia parlamentarista ou presidencialista, ou pelo partido (ou não-partido) de uma ditadura, teremos então uma base comum para comparação. Todos os quatro sistemas políticos de alguma forma se voltaram para essa direção. De um modo geral, é também provavelmente correto dizer que a *intelligentsia* tem suas bases nos brâmanes/clero/*shi'h/shi*, e os burocratas nos guerreiros e sacerdotes/nobreza/*shi'h/*

shi. Acrescentem-se os mercadores, que obviamente formaram a base para os capitalistas atuais – privados ou estatais –, respectivamente dos sistemas capitalistas e socialistas. É claro que não estamos pensando em pessoas concretas e seus filhos e netos, e sim em tradições que foram transmitidas e se modificaram ao longo da história.

Contudo, a conclusão importante é que a Índia Clássica e a Europa Feudal proporcionaram algum tipo de continuidade, com as três castas mais altas permanecendo como os três grupos superiores até nossos dias, enquanto na China e no Japão modernos ocorreram algumas mudanças básicas. Os comerciantes estão ascendendo. Mais especificamente, pode-se argumentar que tanto na China quanto no Japão as revoluções (na China, as de 1911 e 1941, e no Japão a de 1868, incorretamente chamada de "restauração") se deram contra forasteiros. Foram esforços no sentido de proteger os dois países contra o domínio estrangeiro, pela adoção e adaptação de algumas formas alienígenas de fazer as coisas, embora tentando reter tanto quanto possível os próprios costumes. Na China, sob Mao Zedong, pode-se dizer que esse movimento assumiu a forma das três castas mais altas, *shi'h, nung* e *kung*, formando uma espécie de aliança contra as mais baixas, os *shang* (mercadores). É claro que nem toda a *intelligentsia* estava com Mao, e certamente nem todos os fazendeiros, pois muitos deles eram proprietários. O mesmo se pode dizer dos artesãos/trabalhadores, talvez até mais do que no caso dos fazendeiros. Num certo sentido essa foi uma luta descendente, pois uma aliança entre as três castas do topo contra uma ou duas das mais baixas é mais fácil que o contrário.

Talvez possamos dizer isso. Mao Zedong mobilizou os velhos preconceitos chineses contra mercadores e estrangeiros que estavam latentes no sistema classificatório. E assim pôde vencer, a despeito do fato de que ambas as classes tinham um grande poder econômico e físico à sua disposição. Nesse sentido não se tratou de uma revolução, nem mesmo de uma sublevação, mas sim da confirmação de antigos preconceitos chineses: da erudição (caso do próprio Mao), da vida rural, da boa artesania e da habilidade do operário honesto, contra as práticas astuciosas dos mercadores orientados por forasteiros. No entanto, essa circunstância fez com que o topo do sistema perdesse a competência, um problema com o qual eles ainda estão tendo de lidar.

No Japão, tudo foi bem diferente. Durante o período Tokugawa, os mercadores acumularam capital e os samurais viram sua posição social reduzida – a princípio aos poucos e depois rapidamente – de modo dramático. A revolução Meiji promoveu um acordo entre os samurais em decadência e os mercadores em ascensão, pelo qual estes financiavam aqueles, que por sua vez lhes davam legitimidade no topo das outras divisões da sociedade. Essa fórmula continua até hoje: o Japão mantém uma aliança estreita entre burocratas, capitalistas e a *intelligentsia*. A China ainda precisa forjá-la.

Na Europa Feudal, os processos foram ainda mais diferentes. Em primeiro lugar, ocorreu a famosa *Grande Révolution*, que fora da França ficou conhecida como Revolução Francesa de 1789. Foi um movimento da burguesia (3 da tabela) contra o clero e a nobreza (1 e 2) e representou a ascensão da terceira posição. Com essa transformação específica e dramática, lançaram-se as bases para a "modernização": a autoridade dos burocratas (privados e estatais), dos capitalistas e da *intelligentsia* sobre o resto da sociedade. Em outras palavras, a grande luta de classes passou das primeiras duas contra a terceira, para as três primeiras contra as outras duas. Ao longo do século 19 – e boa parte do século 20 –, camponeses e trabalhadores estiveram de várias maneiras em revolta contra essa ordem, tentando ganhar acesso à sociedade burguesa criada pelos *burghers* ou *burger* com mais ou menos sucesso. Os processos foram particularmente dramáticos nos países que não tiveram a sua revolução francesa, como os da Europa oriental e, em parte, da Europa do sul (Espanha). Na segunda metade do século 20, parece ter chegado a época da revolta do quinto plano de castas contra os outros quatro: estrangeiros e mulheres, a mobilização dos trabalhadores "hóspedes" e o movimento feminista, este bem abrangente e em grande medida bem-sucedido. Em suma, o movimento verde.

Em outros termos, percebemos três modelos diferentes: na China, as três classes mais altas contra as duas mais baixas (a revolução chinesa não liberou as mulheres nem integrou os estrangeiros, como aconteceu na Índia sob Gandhi); no Japão, houve uma aliança entre a primeira e a quarta classe contra as demais; e na Europa houve uma revolução gradativa, que se prolongou e fez com que a energia revolucionária declinasse: uma classe de cada vez. Faz parte desse quadro o fato de que antes da Revolução Francesa a aristocracia conseguiu uma certa autonomia em relação ao clero.

Talvez se possa dizer que esses são três modos diferentes de facilitar a mudança social ao longo da mais difícil de todas as dimensões: a vertical, que envolve classes e castas. Seja territorial ou econômica, a expansão é bem mais fácil, pois não pressupõe necessariamente novos arranjos internos, novas distribuições de poder. Um bolo em crescimento é também mais fácil de dividir.

Se agora considerarmos a revolução de Gandhi na Índia sob essa perspectiva, é possível dizer que ele enfrentou as três dificuldades sem contar com nenhum dos "truques" facilitadores das três sociedades. Empenhou-se num esforço para mobilizar os dois grupos inferiores contra os três mais altos – como sempre, é claro, na realidade social –, com a participação de elementos esclarecidos das três classes mais elevadas, incluindo ele próprio (e Nehru, um brâmane da Caxemira). Foi uma luta ascendente em vez de descendente, e dizer isso não significa menosprezar o que fez Mao Zedong. Não houve muitas alianças com as castas superiores; de um modo geral, elas estavam contra a posição gandhiana. Ele tampouco tentou prolongar o embate: queria que tudo acontecesse de modo simultâneo, sincronicamente em vez de diacronicamente. Em outras palavras, nem os "truques" chineses, nem os japoneses nem os europeus puderam ser usados por Gandhi.

Para compreender o que isso significa na prática, olhemos outra vez para a lista das seis campanhas gandhianas na Índia à luz do que acabou de ser dito. O primeiro ponto, o *swaraj*, é relativamente não-problemático. É claro que houve os casos das castas mais elevadas, bem como outros, que investiram na continuação do domínio britânico.

Em geral, porém, cabe perguntar: não se deveria esperar que as lutas – mesmo as guerras pela independência nacional – fossem especialmente atraentes para as classes/castas mais altas, porque a independência poderia fazer com que elas fossem chamadas a explorar os seus próprios povos, sem dividir os benefícios com estrangeiros? Assim como tal situação poderia ser menos atraente para as classes/castas mais baixas, que talvez preferissem ser exploradas por outros, a ser exploradas ou reprimidas por sua própria gente? Situação essa que poderia abrir mais oportunidades e, de qualquer maneira, ser mais "prestigiosa"? Tudo isso, supondo que ambos os lados fossem capazes de compreender com clareza as realidades da situação?

Ainda assim, pode-se dizer que o *swaraj* em si não tem arestas contra o hinduísmo. É até possível afirmar que ele o restaurou, pois no conceito hindu de sociedade os britânicos não entram, e certamente não participam como uma espécie de nível situado entre os sacerdotes e os deuses. Talvez se possa até mesmo ir tão longe a ponto de assegurar que o *swaraj* reconfirmou o hinduísmo: as castas mais altas eram agora patrões em sua própria casa. Além disso, considerando que a grande maioria dos indianos era hindu, essa atitude poderia também ser transmitida à maior parte do resto da população. Contra a Inglaterra, pela Índia, pelo hinduísmo: tudo isso estava embutido no *swaraj*.

Entretanto, agora percebemos como todas as outras cinco campanhas gandhianas representaram arestas muito claras contra o hinduísmo. Talvez não contra o hinduísmo ideal, mas certamente contra o hinduísmo visto como aquele sistema antigo (com mais de três mil anos de existência) de crenças e práticas institucionalizado na Índia. O sistema de castas é quase por definição uma parte do hinduísmo: se o retirarmos nos aproximaremos muito do budismo.

Gandhi lutou implacavelmente em favor dos intocáveis, trazendo-os para a sua congregação, organizando-os para ações não-violentas contra o sistema de castas em geral e – de modo implícito – contra os sacerdotes. A idéia de castas horizontais talvez fosse mais destinada à teoria do que à prática imediata, mas também constituíra um desafio básico ao hinduísmo. Por quê? Pela simples razão de que sem a verticalidade muito do aspecto punição/recompensa da transmigração – quando a alma que parte depois da morte encontra uma nova habilitação – seria eliminado. É óbvio que um indivíduo pode se tornar não-humano depois da morte, mas tornar-se um pária já é um castigo suficiente. Recentemente, alguns dos sem-casta – ou intocáveis – se converteram a outra religião que lhes oferece uma alma imortal independentemente de casta e classe, que está disponível a todos, até mesmo com a promessa de salvação claramente definida e preceitos fáceis de cumprir: o Islã. Pode-se facilmente imaginar o que isso significa para as castas mais altas. É a revolta dos servos da sociedade, dos dez por cento da base que fazem os trabalhos mais sujos, que cuidam do lixo, das latrinas, dos açougues, ao mesmo tempo em que toda a mística do hinduísmo é ameaçada pela simples retirada, quando essa religião se torna demasiada.

Tomemos o próximo ponto da lista, o empenho de Gandhi em favor do *sarvodaya*, ou seja, pela melhoria social de todos. É claro que ele é a própria antítese da modernização. É antiburocrático e anticapitalista, tanto em suas amplas manifestações comerciais quanto em suas expressões industriais em grande escala. Não é anti-intelectual mas é anti-*intelligentsia*. Além disso, é contra aquele habitat humano específico no qual tudo isso floresce com a *intelligentsia*, localizada em suas universidades e instituições: a cidade. O *sarvodaya*, tal como Gandhi o interpreta, tem sua base nas aldeias e permanece antiurbano. Coloca-se em especial contra as grandes cidades. Contudo, a modernização era o refúgio das três castas mais altas, em suas últimas corporificações, com o sacerdote reaparecendo como intelectual e planejador, o guerreiro como burocrata, militar ou policial, e o comerciante como um capitalista moderno, baseado na indústria, no comércio ou em ambos. Além disso, para todos os três havia carreiras e grupos nos quais podiam ser acolhidos.

E o que Gandhi oferece? Uma vida modesta e até mesmo puritana nas aldeias, o contentamento com a vida simples de aldeão. Mas trata-se de uma forma melhorada, com todas as necessidades básicas satisfeitas e um alto nível de autoconfiança. Sem nenhum grande poder a ser exercido sobre milhões de pessoas, por meio da segmentação da moderna vida social prometida pela modernização: *você* pode se tornar ministro da educação, *você* ministro da saúde, *você* ministro de obras públicas. Em vez disso, o poder deve limitar-se a uma pequena unidade – a aldeia – e nela ser compartilhado por todos. Pois é claro que Gandhi queria algum tipo de democracia, mas que ela fosse exercida segundo a regra das cinco pessoas no topo da aldeia, a *panchayat* (assembléia de cinco). Para a camada mais inferior da sociedade indiana havia muitos ganhos. Para os dez por cento mais altamente situados certamente havia muito a perder, a menos que eles fossem capazes de voltar seu interesse para o tipo de poder que Gandhi mais defendia: o de uma pessoa sobre si mesma, o situado no mundo interior de cada um, não o poder dos outros, exercido de fora para dentro.

Tomemos o próximo ponto: o *satyagraha*. Aqui, o que Gandhi promete é uma forma de luta muito diferente das travadas pelos guerreiros clássicos. É certo que eles são convidados a participar, mas Gandhi diz com muita clareza que os melhores *satyagrahis* são as mulheres e o povo em geral, as massas populares, os milhões de pessoas. Há certamente os atos de bravura individual das pessoas inclinadas nessa direção: os homens de ação *(karmayogis)* como o próprio Gandhi. Mas isso não confere nenhuma posição privilegiada no exercício do poder derivado de qualquer espécie de luta às castas mais altas em geral e aos guerreiros em particular. Mais importante ainda: em todas as sociedades, os guerreiros têm algum tipo de monopólio das altas posições e do poder máximo (como se pode ver nos quatro sistemas acima mencionados), o que garante que este se concentre no topo da pirâmide social.

E quanto ao *satyagraha*? Como instrumento de poder ele pode ser exercido por todos. E isso é particularmente verdadeiro nas bases, desde que elas se comprometam em número suficiente: milhares, milhões. Uma pessoa treinada no *satyagraha* é também um indivíduo capaz de lutar contra o abuso de poder que vem de cima, seja ele exercido por estrangeiros ou "pelos nossos". Eis um pensamento perturbador para as elites.

A seguir, a atitude conciliatória nos conflitos coletivos. Gandhi estimulava a conciliação; as duas comunidades religiosas deveriam se respeitar e amar-se mutuamente. Do ponto de vista hindu ortodoxo, isso não significa apenas que ele percebia coisas boas e más tanto no hinduísmo quanto no islamismo, e por isso os colocava num plano de igualdade; mais importante ainda, ele via o hinduísmo como uma religião entre muitas, não como a que paira acima e além das demais e as engloba. É claro que essa é uma atitude inteiramente inaceitável, a menos que se assuma a postura ecumênica, transreligiosa – que ele parece ter adotado. Entretanto, para muitos hindus o hinduísmo já é essa posição transreligiosa, que apenas necessita de mais aperfeiçoamento.

Finalmente, a posição gandhiana em relação às mulheres. Não acho que se possa dizer que a esse respeito – e do ponto de vista teológico – o hinduísmo tenha desenvolvido tanta hostilidade interna como o cristianismo. Mas as práticas hindus eram certamente abomináveis, principalmente quando se pensa na prática de *sati*, a cremação das viúvas. As viúvas não devem se casar de novo; têm de juntar-se aos seus falecidos maridos, sendo até mesmo queimadas com eles na mesma pira funerária. Ainda há casos assim na Índia. E há muitas ocorrências de cremação de noivas pelos parentes, se a família delas não providenciar um dote que possa resultar em rápida ascensão material, nesta época cada vez mais materialista. Gandhi lutou contra tudo isso com veemência, e assim desafiou algumas das estruturas mais básicas da sociedade hindu. Queria direitos e deveres iguais para homens e mulheres.

Para concluir: ele foi certamente um revolucionário, bem mais que os gradualistas da civilização ocidental, a começar pela revolução burguesa, passando pela revolução socialista dos trabalhadores e, finalmente, chegando à feminista. Gandhi foi tudo isso e até mais, o que inclui as revoluções mais radicais.

Em resumo, é difícil imaginar um desafio mais completo de qualquer ordem social. É claro que ele assumiu mais do que poderia ter sido feito no tempo de vida de uma pessoa. O milagre é que tenha conseguido tanto, embora algumas tarefas tenham ficado inacabadas. É certo que sua vida política terminou da maneira que se poderia facilmente prever: foi assassinado por um hindu ortodoxo – Godse –, originário de Maharashtra (onde fica Mumbai), região eminentemente hindu; mais precisamente, de Pune (que os ingleses escreviam Poona), uma cidade de grande importância religiosa.

Pelo depoimento de Godse no julgamento, ficou bem claro que ele não era contra a luta de Gandhi pela independência, mas sim contra todos os outros aspectos dos feitos gandhianos. Mais especificamente, considerava-o responsável pela divisão – e portanto pelo enfraquecimento – do seu país, e o acusava de ser o pai do Paquistão. Também o via como contrário a uma Índia moderna, forte, industrializada, com proezas militares, e a favor de um país tradicional, rural, subdesenvolvido e fraco. Faz parte desse contexto o fato de que Godse pertencia à casta dos sacerdotes, que certamente é uma expressão mais apropriada do hinduísmo institucionalizado do que a maioria.

Suas razões para assassinar Gandhi aproximam-se desconfortavelmente dos motivos do primeiro governo da Índia – sob a liderança de Jawaharlal Nehru – para rejeitar o gandhismo como um guia, exceto em relação à independência e à igualdade (pelo menos na casta alta) para as mulheres. Com efeito, tais razões e motivos eram tão semelhantes que o julgamento teve de ser mantido em segredo por um longo período. Não se considerou prudente deixar que o povo indiano (ou outros povos, nesse particular) soubessem que, em boa parte das circunstâncias, Godse podia justificar seu ato em termos muito semelhantes aos usados no programa político do primeiro governo da Índia independente. Mesmo assim ele foi executado, por ter assassinado uma pessoa que era firmemente contra a pena de morte.

E assim o pequeno homem moreno e de grande alma – o Mahatma Mohandas Karamchand Gandhi, nascido em 2 de outubro de 1869, morto em 30 de janeiro de 1948 –, recebeu todas as honrarias ao ser levado em funeral, inclusive honras militares. Suas cinzas foram espalhadas nos rios sagrados da Índia. E as pessoas choraram no mundo inteiro – inclusive, se o leitor me permite falar assim, um garoto de dezessete anos, na Noruega.

1.2 Onde Gandhi se situa religiosamente?

Nas páginas seguintes o leitor encontrará um mapa religioso do mundo, no qual as principais religiões são divididas em três grupos: as ocidentais, originárias do Velho Testamento; o hinduísmo; e as orientais, baseadas nos ensinamentos de Buda, seja isoladamente ou em combinação com outros sistemas de fé.

Muito pode ser dito sobre esses mapas ou tabelas, mas este não é o lugar adequado para descer a detalhes, pois nossa tarefa é tentar situar Gandhi.

Note-se apenas que algumas partes do mundo não foram incluídas, como é o caso de algumas tendências religiosas importantes: os povos ameríndios, as religiões africanas originais e as do Pacífico. Essa ressalva também diz respeito à Índia, pois lá existe mais vida religiosa do que simplesmente "o hinduísmo, depois o Islã com pitadas de cristianismo, o judaísmo, os parses – os que crêem no antigo culto persa de Zoroastro". Ainda assim, o mapa religioso do mundo aqui apresentado é suficiente para os nossos propósitos.

Colocamos o hinduísmo no meio, tanto no sentido de ser a *encruzilhada* das religiões ocidentais e orientais, quanto no de ser um *berço*, um ponto de origem. Essa circunstância é claramente verdadeira, quando se leva em consideração o budismo. Talvez seja discutível – ou menos clara –

no caso das religiões semíticas, conhecidas como judaísmo, cristianismo e islamismo. Todavia, quando se olha para os cinco pontos mais altos dos dois lados do "mapa", o hinduísmo pode ser descrito como situado em algum ponto entre as religiões mais evidentemente ocidentais e as mais obviamente orientais, principalmente quando elas se expressam por meio do cristianismo protestante e no caso do budismo *mahayana* (o do "grande veículo", no qual a tônica é que as pessoas *juntas*, ajudando-se coletivamente, tentam aperfeiçoar a si próprias).

As religiões ocidentais se baseiam num deus pessoal, que pode proporcionar a graça mesmo quando os humanos erram e pecam. No budismo não existe tal deus; as pessoas têm de se aperfeiçoar por si mesmas, individual ou coletivamente. Pode-se dizer que o hinduísmo está numa posição intermediária: os deuses existem e julgam, mas a principal ênfase recai sobre a melhoria pessoal e as divindades são em grande medida metafóricas ou assim concebidas. Já o *karma* não é metafórico: "Seja o que for que você disser e fizer, mais cedo ou mais tarde tudo volta para você". Ou seja, existem recompensas/punições na próxima encarnação.

No Ocidente a fé é pura, verdadeira, com exclusão de tudo o mais. Esse não é o caso do Oriente, como se observa de modo muito claro nos sistemas amalgamados, como as combinações chinesas e japonesas de religiões/fés. O hinduísmo tem a mesma capacidade de aceitar e incorporar novos elementos. É "tolerante", como freqüentemente se diz, no sentido de que incorpora: não exclui outras fés nem as define como rivais. Ao contrário, considera-as manifestações de aspectos dele próprio.

Assim, a religião ocidental é dirigida para todo o mundo (hoje, esse não é o caso do judaísmo); as religiões orientais se voltam para um público mais limitado, em especial o xintoísmo do Japão, que visa a uma comunidade exclusivamente japonesa (como o judaísmo é só para os judeus). O hinduísmo também é só para os hindus e, com exceção de épocas recentes, não era tão interessado em atividades missionárias. Concebe a si próprio como universal e suficientemente rico para englobar todas as outras religiões, o que quer dizer que outros povos são hindus sem o saber: mas assimilaram só uma parte da riqueza dessa religião.

Desse modo, as religiões ocidentais insistem muito na existência de uma alma pessoal e na promessa da vida eterna para ela, seja no céu ou nas profundezas. O hinduísmo considera essa posição um tanto cruel, pois condena as pessoas para todo o sempre e de modo inapelável por causa de ações mínimas, cometidas em frações de segundo da eternidade e numa determinada encarnação. Mas não vai até o ponto de dizer que não existem a alma e a vida eterna, nem que o objetivo de tudo é algum tipo de extinção diferente da eternidade. Na crença hinduísta, como foi dito, há um princípio de punição e recompensa e também um princípio de *nirvana* (essa é a grafia em sânscrito; em páli é *nibbana*; desta língua se origina o singalês, o idioma da maioria em Sri Lanka).

Na comunidade hindu, uma pessoa altamente iluminada terá uma posição quase ideal se realmente quiser desempenhar um papel transreligioso. O hinduísmo como sistema de fé é tão rico que contém a maioria das figuras e metáforas encontradas em outras religiões. Partindo da relativa simplicidade do cristianismo protestante e do budismo *mahayana*, há muito o que fazer para entendê-lo; com base na complexidade do hinduísmo, as outras duas religiões são mais facilmente compreensíveis. O que Gandhi – que era hindu – fez foi simplesmente ler a lista das outras religiões, separando o bom do mau e concentrando-se no que considerou valioso. Não teve problemas com o budismo, em si um movimento dissidente do hinduísmo, uma depuração comparada por alguns com a que fez o protestantismo em relação ao catolicismo. Trata-se, porém, de uma comparação inadequada, pois o protestantismo também pode ser considerado uma versão extremada dos aspectos menos humanos do cristianismo. Num certo sentido, Gandhi deu as costas ao Oriente e mirou o Ocidente, uma posição um tanto natural para os indianos sob o domínio britânico. Viu o jainismo – outra dissidência do hinduísmo – e o budismo como grandes estimuladores da não-violência. Levou em conta também o islamismo, o cristianismo e o judaísmo. Em seu trabalho ecumênico, esses foram os pilares de suas atividades e sermões transreligiosos.

É claro que isso já não é o hinduísmo, mas muito dessa religião constituiu o seu ponto de partida. As escrituras hindus passaram a ser algumas entre muitas, e não *as* escrituras. Do modo como tento retratar o Gandhi religioso – como base para o Gandhi político –, o hinduísmo possibilitou-lhe assumir sua posição ecumênica, transreligiosa. Algum dia, os sermões de Gandhi e sua maneira de combinar várias tradições religiosas poderão

Tabela 2. Um mapa religioso do mundo

(1) deus pessoal
(2) singularista
(3) universalista
(4) alma pessoal
(5) vida eterna

nenhum deus (1)
pluralista (2)
particularista (3)
nenhuma alma (4)
nirvana (5)

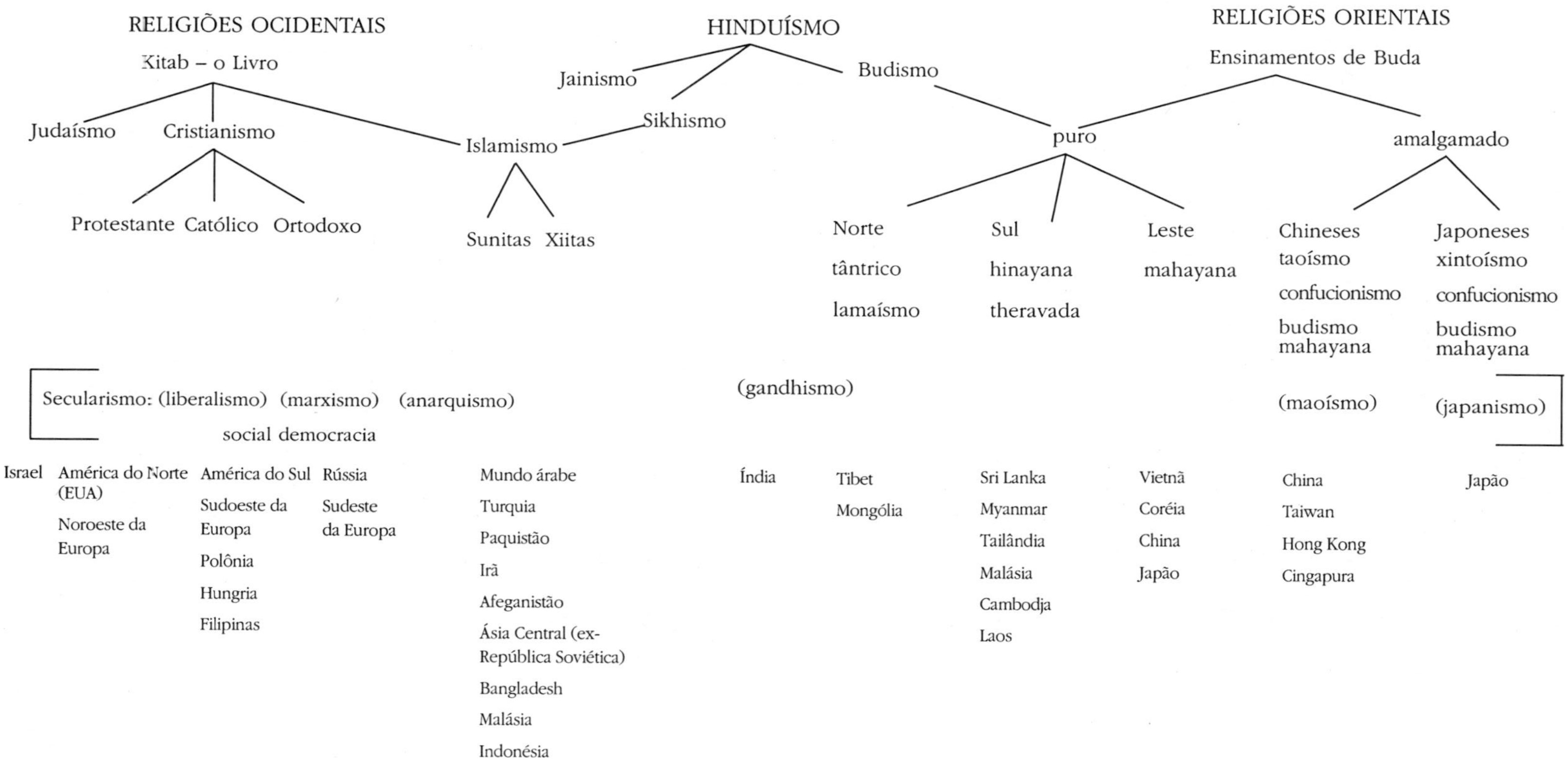

até mesmo destacar-se como uma de suas contribuições mais importantes. Ele ofuscou o que freqüentemente se considera trabalho ecumênico no Ocidente, mas na prática são maneiras de promover o diálogo entre os três principais ramos do cristianismo; ou, para os muito audaciosos, entre os três principais ramos das religiões ocidentais. Gandhi construiu pontes sobre toda essa gama de crenças, mesmo quando era óbvio que ele não tinha nenhum conhecimento direto ou relação com as fés do Extremo Oriente como as da China e do Japão – em outras palavras, o taoísmo, o confucionismo e o xintoísmo.

No mapa da Tabela 2, o gandhismo foi caracterizado como secular e acho que essa posição se justifica. Um conceito de Deus tão liberal que engloba a Verdade de todos – inclusive o ateísmo do ateísta – está mais perto da ponta secular do espectro do sagrado. Num certo sentido, porém, essa resposta é também insatisfatória. Gandhi foi, evidentemente, uma pessoa muito religiosa, mas o gandhismo é ao mesmo tempo uma ideologia secular, por mais que tenha um arcabouço religioso ou transreligioso.

A única conclusão possível é que ao desenvolver o seu movimento transreligioso ele estava ao mesmo tempo dentro e fora do hinduísmo. Uma religião específica, situada entre o islamismo e o hinduísmo – e muito importante na Índia, porém menos conhecida no Ocidente – é o sikhismo [seita monoteísta da Índia, fundada no século 16], que também desempenhou um papel importante. Talvez a atitude de Gandhi possa ser ilustrada por um pequeno poema, usado num livro dedicado a um importante *quaker* norueguês. Trata-se de um amigo que, como tantos *quakers*, esteve muito próximo dele:

> Disse o Vermelho ao Azul:
> "Amigo, como é possível que
> o seu rezar não seja
> feliz como o meu"?
>
> O Azul disse, em resposta:
> "Vermelho, por que
> a sua prece não tem
> o sentimento da minha"?

O Amarelo disse ao Verde:
"Meu amigo, por que você ao rezar
nunca se ajoelha ou se curva"?

Disse o Verde ao Amarelo:
"Você chama a isso rezar?
Discordo, não é assim que se faz".

Então vieram o Índigo e o Laranja
Com outras formas de prece,
velhas e novas.

O Violeta, coitado, ficou pálido
como se estivesse com medo.
Para todos, ele rezava em segredo.

"Ó cores", disse então Deus:
"Cada uma de vocês é minha.
Sem minha luz, como
poderiam brilhar"?

"Rezem como sua cor lhes mandar.
Não deixem de brilhar.
Preciso de suas diferenças:
elas fazem o meu arco-íris."

Jill Slee Blackadder

A razão pela qual escolhi esse poema para ilustrar a inclinação religiosa de Gandhi se tornará mais clara na próxima seção, quando darei significados políticos a algumas dessas cores. No entanto, se Gandhi era um arco-íris religioso, certamente não era um arco-íris político e isso leva a uma especulação. Não há dúvida de que seu interesse religioso e reuniões de prece foram também inspirados pelo fato de que os encontros políticos eram proibidos. Ele desenvolveu assim uma plataforma transreligiosa, para chegar a objetivos políticos concretos e específicos. O que teria acontecido se as religiões também houvessem sido proibidas? Teria ele, neste caso, elaborado uma plataforma transpolítica para chegar a uma determinada posição religiosa? Ou teria se tornado ao mesmo tempo transreligioso e transpolítico? De todo modo, acontecesse o que acontecesse, evoluiria como evoluiu. Voltemo-nos agora para o Gandhi político.

1.3 Onde Gandhi se situa politicamente?

O leitor encontrará abaixo um diagrama com cinco ideologias políticas e econômicas. Elas são denominadas de *azul* (liberalismo) e *vermelho* (marxismo) – uma reação ao liberalismo; *rosa* (social-democracia) – um acordo entre o liberalismo e o marxismo, ao menos no campo econômico; *amarelo/dourado* (japanismo) – uma combinação de liberalismo e marxismo, pelo menos na área econômica, construindo em ambas planejamento e mercado, burocracia e corporação. E, finalmente, a ideologia *verde* – em grande parte baseada no plano local, na família e nos pares, em aldeias autoconfiantes, com mercado e planejamento locais.

Não há dúvida de que o gandhismo pertence ao domínio verde – pelo menos nesse quadro específico de análise – junto com o maoísmo, no sentido das Comunas Populares em geral denominadas de *anarquismo.* Aqui encontramos figuras de destaque, como os russos Bakunin e Kropotkin, ideologicamente muito importantes no sul da Europa até a Segunda Guerra Mundial, recentemente na Europa ocidental e, na Europa oriental, até a Primeira Guerra Mundial. Assim, talvez se possa dizer que o anarquismo como ideologia é de origem européia. Mas o gandhismo e o maoísmo – ambos originários de fontes orientais, não-européias – são certamente ramos de uma grande árvore, e se tornaram tão grandes que a obscureceram. O movimento de Nyerere, *ujama'a,* na Tanzânia, também seguia a mesma orientação.

Muito se pode dizer sobre essa configuração específica, mas este não é o lugar para fazê-lo. O foco aqui será o gandhismo.

Para entender melhor o gandhismo, convém relacioná-lo pelo menos ao liberalismo e ao marxismo e também ao seu parente próximo, o

Tabela 3. Ideologia política como plano nacional e articulação de mercado

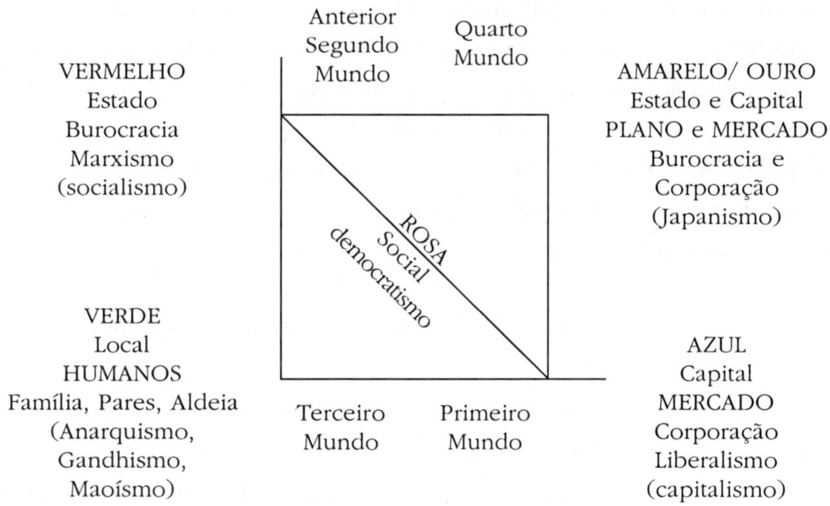

maoísmo. Deixaremos fora do quadro o acordo e a social-democracia, bem como a combinação altamente eclética que é o japanismo. Pode-se objetar que o maoísmo também não surgiu no horizonte de Gandhi. Tanto quanto pude apurar, na lista de suas leituras não há nenhuma indicação dessa ideologia. Mas alguns comentários sobre essa relação são importantes, não apenas para uma boa compreensão do gandhismo, mas também porque são úteis para entender melhor o mundo atual.

O gandhismo e o maoísmo são duas ideologias específicas, surgidas no século 20. Basearam-se em antigas crenças dos dois países mais populosos do mundo, dois países dotados de enorme resiliência – capacidade de sobreviver a despeito do colonialismo e do neocolonialismo. Se atualmente elas estão num relativo segundo plano, é só porque reaparecerão mais tarde de uma forma ou de outra.

A ideologia de Gandhi é extremamente importante, porque constitui uma reação à "modernização" – o esforço mundial para retirar os tipos de sociedade do triângulo inferior do diagrama da Tabela 3 e levá-los para o triângulo superior dessa mesma tabela, pelo estabelecimento de corporações e burocracias modernas. O debate político centra-se em especial na preponderância relativa dessas duas, que deverão dominar. Nesse caso, a resposta japonesa é específica e original: desenvolver totalmente ambas, levá-las ao máximo e deixar que elas cooperem entre si, de mãos dadas. Com sua ênfase sobre o nível local em geral, e sobre a aldeia em particular, Gandhi coloca-se contra essa tendência. Mas isso não faz dele um "tradicionalista", ou seja, contrário aos "modernos". O que ele quer é melhorar o nível local. Deseja torná-lo mais auto-suficiente e autoconfiante, no sentido de ser capaz de sustentar-se sozinho e fazer trocas com outros em bases iguais. Assim sendo, como ele se relaciona com as outras três ideologias?

Alguns comentários sobre a relação entre gandhismo e liberalismo

É claro que o gandhismo tem alguns elementos em comum com o liberalismo. Este é individualista. Tende a ver o indivíduo como alguém capaz de moldar sua vida por meio de uma combinação de responsabilidade e decisões racionais. Uma versão especialmente importante dessa ideologia é o existencialismo, que enfatiza mais ainda a responsabilidade dos indivíduos nas decisões que tomam. Destaca a noção de que um indivíduo decide não apenas por si mesmo mas pelos outros – pela humanidade inteira. Esta última assertiva é compatível com a concepção de *karma*, do budismo *mahayana*.

Gandhi compartilha esses pontos de vista e nesse sentido é um voluntarista. Acredita não só no livre-arbítrio das pessoas num sentido amplo, mas também na moldagem do futuro por meio de atos nele baseados. Não se trata de esperar até que as contradições tenham se cristalizado, até que a "situação esteja madura". O momento para a ação correta é o *aqui* e *agora,* a resposta adequada ao desafio. Gandhi se orienta para a ação e ao mesmo tempo é otimista, tanto em relação à possibilidade de agir quanto em relação às conseqüências, mesmo na Índia. Longe de ser "fatalista", a fé na capacidade de influenciar o *karma* deveria incutir tal otimismo numa pessoa, que ela passaria não só a acreditar na não-violência como descobriria como colocá-la em prática.

O ponto em que ele difere do liberalismo é tão importante quanto as áreas em comum. Gandhi é seguramente anticapitalista, entre outras razões porque para ele um indivíduo não pode exercer inteiramente o livre-arbítrio se for economicamente dependente. Para ter independência econômica ele precisa se auto-sustentar. Isso significa, em última análise, ter controle sobre alguns meios básicos de produção para que possa obter ao menos alimentos, roupas e moradia. Gandhi não acredita num país, mundo ou aldeia em que as pessoas não possam, a qualquer momento, retirar-se por vontade própria das redes de interação. Um mundo de extremo comercialismo é aquele no qual países, partes de países, aldeias, partes delas e indivíduos se tornaram dependentes, e por essa razão já não são capazes de exercer o seu livre-arbítrio.

Neste ponto, alguém poderia acreditar que Gandhi é contra todos os tipos de indústria e todas as espécies de máquinas. Não é. Há o famoso caso da máquina de costura Singer, por ele mencionada como um exemplo positivo: ela pode ser operada individualmente, e por essa razão não constitui uma ligação artificial, mecânica, entre as pessoas. A esse respeito, é claro que ele não está inteiramente correto: o problema surgiria no momento em que esse indivíduo precisasse de peças de reposição ou de uma máquina nova. Além disso, se alguém deseja um produto provavelmente terá de aceitar seu processo de produção, que certamente não é desempenhado por uma única pessoa.

Gandhi é cético em relação à democracia parlamentar. Seu ideal parece ser a democracia direta. Mas também acreditava no exercício do poder por aqueles que dele haviam sido encarregados. Em princípio, os meios de produção pertencem ao povo, mas há os administradores ou fiduciários, cujo mandato pode ser retirado. A propriedade deve ser considerada uma *administração temporária* do que é possuído. Assim, os governantes são *fiduciários políticos* do povo, e por isso também sujeitos a destituição quando não atuam de modo apropriado. Gandhi parece ser contra o voto: o governo da maioria é a ditadura dos 51% sobre os 49% e assim deve ser entendido. Ele se inclina para a democracia direta e o consenso, o que de novo aponta na direção dos pequenos grupos.

Mas não foi o que praticou durante a sua vida: na verdade, exerceu uma "gurucracia", com ele próprio na posição de guru – aquele que tem mais discernimento do que os outros. Estava numa posição que lhe possibilitava converter os outros para que vissem as coisas como elas deveriam ser vistas, inclusive por métodos drásticos, como jejuns potencialmente mortais. Nisso ele certamente estava longe de ser um liberal. Por outro lado, o liberalismo, com sua suposição de que "todos os homens (não as mulheres) foram criados iguais", nascido das religiões ocidentais – para as quais os humanos são humanos e Deus é Deus –, traçara uma linha sólida entre os humanos mortais e os deuses imortais, aqueles se tornando iguais e subordinados a estes.

Gandhi viveu numa tradição na qual foi possível concebê-lo (como ele próprio fez) como um *mahatma*, isto é, uma "grande alma". A leste do Ocidente os deuses são metafóricos, e portanto há mais espaço para humanos deiformes (semelhantes a Deus), como os gurus e os *mahatmas*. Deve-se notar que esse fenômeno reside no topo de toda a estima e amor dedicados a Gandhi. Ele não era somente *Gandhiji*, com a partícula *"ji"*, também utilizada para muitos políticos e outros de menor expressão na Índia atual. Era também um *mahatma*, como ficou mais conhecido. Esse termo significa *deiforme*. É incompatível com o liberalismo e ainda mais com seu parente próximo, a social-democracia. Esses fatos constituem uma barreira importante à aceitação de Gandhi no Ocidente – mas não necessariamente à aceitação do gandhismo.

Alguns comentários sobre as relações entre o gandhismo e o marxismo

Não há provas de que Gandhi leu os clássicos marxistas, e é precisamente por essa razão que é muito interessante notar o quão marxista ele é em muitas de suas análises. Os principais aspectos das análises marxistas do capitalismo estão presentes em seu pensamento – o capitalismo visto como sistema de *exploração* material e alienação *espiritual*. A certa altura, ele fez uma distinção entre três estágios crescentemente danosos do colonialismo. O primeiro, de roubos e pirataria; o segundo, de conquistas militares e dominação; e o terceiro – o pior –, de penetração econômica, no qual as tradições econômicas locais são destruídas, seja porque não são capazes de competir com bens importados mais baratos (isto é, vindos principalmente da Inglaterra), seja porque são forçadas a não competir de modo eficaz. Nesse ponto, a população não é composta apenas de escravos em sua casa. A própria casa foi modificada, e as pessoas se transformam em fregueses não mais capazes de manter a si mesmos.

Ainda assim, Gandhi difere do marxismo por não desejar abolir o capitalismo e, mais especificamente, por não querer eliminar os capitalistas, nem como pessoas físicas (o que seria contrário à doutrina da não-violência) nem em termos de seu papel social. É difícil saber exatamente em que ponto ele traça a linha divisória. Essa fronteira – que não deve ser ultrapassada – parece estar em algum lugar entre o capitalismo de pequena escala e o de grande escala. O que é muito claro, porém, é que Gandhi não considera o socialismo estatal ou burocrático uma alternativa ao capitalismo monopolista de grande escala. O monopólio estatal, com uma burocracia impenetrável, não constitui a alternativa a um monopólio privado com operações impenetráveis. Por outro lado, se as necessidades básicas puderem ser satisfeitas no plano local (entre aldeias, mediante operações de pequenas empresas), a divisão entre os que compram o trabalho e os que o vendem não se destacará como o ponto principal de uma ordem social – pelo menos não enquanto for possível substituir ou expulsar os compradores de trabalho. Ou, para usar a fórmula gandhiana: desde que os mandatários capitalistas não sejam chamados de volta, e sim considerados indignos da confiança neles depositada.

Assim, há outra diferença evidente em relação ao marxismo. Gandhi não acredita em violência, como muitos marxistas. E aqui há uma conexão muito importante, que não pode ser superestimada. Para ele, o *sarvodaya* é uma alternativa ao capitalismo – privado ou estatal –, e o *satyagraha* é uma opção à luta violenta dentro dos países e entre estes. *Os dois estão intimamente relacionados.* O *sarvodaya* é a forma social na qual os conflitos podem ser mais facilmente articulados e resolvidos por meio do *satyagraha.* Isso acontece pela simples razão de que as pessoas já são relativamente independentes e podem se desligar de um empregador (comprador de trabalho) a quem não mais aceitam, ou de um governante, ou de cinco deles, como ocorre numa aldeia dirigida por assembléia formada por cinco representantes da comunidade. De modo semelhante, o *satyagraha* é a forma de compromisso grupal que conduz ao *sarvodaya* como composição social, por uma razão igualmente simples: alimenta a autoconfiança dos pequenos grupos – dos indivíduos, em última análise –, e essa é a matéria-prima com a qual se constrói o *sarvodaya.*

Os marxistas tendem a concluir que o capitalismo só pode ser superado por uma revolução. Guiada pelo partido, a classe trabalhadora conquista o Estado e este controla e suprime total ou parcialmente o sistema capitalista. Do ponto de vista gandhiano, essa fórmula tem dois problemas. Leva a uma sociedade centralizada, na qual muitos são dependentes de poucos, por meio do planejamento centralizado e/ou de um partido que monopoliza o poder. Além disso, para conquistar o centro de uma sociedade – ou nela construir um núcleo estável –, é muito provável que se utilizem a violência direta e a repressão que garante a manutenção da violência estrutural. Portanto, há uma íntima relação entre o fim e os meios na teoria marxista, do mesmo modo que na gandhiana: um é a conseqüência do outro. Gandhi prefere a descentralização e a não-violência; o marxismo tende a adotar o par oposto.

Alguns comentários sobre a relação entre gandhismo e maoísmo

Ao contrário das comparações anteriores, as semelhanças entre o gandhismo e o maoísmo são esmagadoras e as diferenças, poucas mas importantes. Para Mao Zedong, o poder é – ao menos em parte – aquilo que sai do cano de um fuzil. Para Gandhi, ele é acima de tudo o poder de uma pessoa sobre *si mesma*, aquilo que pode torná-la imune aos que de uma forma ou de outra tentam exercer o poder sobre *outras* pessoas. Portanto, não há dúvida de que os dois líderes diferem quanto aos meios, embora essa diferença seja menos profunda do que as formulações até agora escolhidas podem fazer crer.

A similaridade reside muito na análise social, e também nas composições sociais em relação às quais eles trabalham, a favor ou contra. Para Gandhi, há uma contradição significativa entre os países estrangeiros em geral – e a Inglaterra em particular – e a Índia, onde essa contradição se observa entre cidades e aldeias. A ação indiana teve de conseguir o *swaraj*, as aldeias tiveram de ser orientadas pelos princípios do *sarvodaya*. Os intocáveis, os camponeses, os trabalhadores e as mulheres do país inteiro tiveram de ser organizados num esforço para criar um país realmente livre e melhor. Assim, a visão gandhiana de luta social foi a de que a imensa maioria estava do lado certo. Do outro lado estavam somente uns poucos. Por meio da comunicação apropriada, não-violenta e modos adequados de lidar com conflitos, eles poderiam ser atraídos para a causa justa pela conversão, não pela coerção.

Para Mao Zedong também há uma contradição entre a não-China e a China. Todavia, dentro da China a linha divisória não se situa entre cidades e aldeias, mas, logo de saída, entre o anti-povo e o povo. Anti-povo são as pessoas que exploram o seu próprio povo, como os grandes proprietários de terras, grandes burocratas e indivíduos altamente situados no mundo dos negócios – é claro que usando os militares e a polícia como instrumentos. Dessa maneira, a principal luta no país era entre *o povo* e o *anti-povo*, e o cerne do primeiro é o *proletariado* (industrial). Essa condição se estende às massas, que constituem os famosos 80% da população da China, incluídos os camponeses. Somem-se os estudantes e mais alguns outros e o resultado é o *povo*. Como Gandhi em relação à Índia, Mao acredita que a imensa maioria enfrenta um grupo muito pequeno, mas resoluto, que tenta manter a servidão da China sob os estrangeiros com base em seus próprios interesses. E aqui ele é menos otimista que Gandhi, quando se trata de comunicação, não-violência e conversão. Está convencido de que são necessários meios violentos: as contradições são "antagônicas" e só podem ser superadas pela violência – uma filosofia que Gandhi jamais aceitaria.

Mas, como foi dito, as diferenças não são tão irreconciliáveis assim. Deve-se lembrar que para Gandhi o melhor comportamento numa luta era sempre a *não-violência dos bravos.* Porém, o segundo melhor era a *violência dos bravos*, e isso certamente abrange não só os militares, que lutam corajosamente por causas justas, mas também os revolucionários. Na base dessa gradação gandhiana estava a *não-violência covarde.* Deve-se notar que ele não falou em "bravos", mas sim em "fortes". Também não se referiu a "covardes", mas a "fracos". Para resumir: a covardia e a apatia são consideradas piores do que a violência por causas justas. Observados desse ângulo, Gandhi e Mao Zedong se tornam subitamente semelhantes de novo. Ambos destacam com ênfase a consciência e a organização por uma causa justa, e também insistem na necessidade de agir aqui e agora.

Pode-se argumentar, contudo, que a disposição social que constituía o objetivo de cada um era diferente. No Estado-meta de Gandhi é difícil identificar um centro, enquanto que para Mao ainda há uma capital no país, mesmo que o poder central tenha sido muito reduzido durante a Revolução Cultural. Entretanto, essa diferença é ofuscada por uma grande semelhança entre o *sarvodaya* das aldeias gandhianas, baseadas no *swadeshi*, e as Comunas do Povo de Mao Zedong, fundamentadas na antiga fórmula chinesa do *tzu li keng sheng*, "regeneração com esforços próprios". Ambos lutam contra a dependência, mas os dois consideram a capacidade de tornar-se razoavelmente auto-suficiente como o principal meio nessa luta.

Como eles se relacionam com o mundo externo a seus países? Gandhi não parece ter nada contra os britânicos em si. Quer que eles continuem, como amigos e em bases iguais. Também não parece ter nada contra uma Comunidade Britânica de nações, desde que se trate de uma organização de iguais, com nenhuma delas sendo o "país-mãe", o centro de um sistema colonial.

É menos claro que Mao Zedong até mesmo tivesse em mente qualquer conceito de comunidade socialista. Ou que, ao contrário, ele fosse uma expressão mais recente da antiga xenofobia chinesa, uma mistura de indiferença e sentimentos negativos dirigidos aos estrangeiros em geral, e a estrangeiros do norte, sul, leste, oeste como bárbaros em particular.

Nesse contexto há outra diferença importante, situada num plano um tanto mais profundo. Para Gandhi, o *sarvodaya*, como ele o concebia, era considerado o estágio final e melhor do desenvolvimento social. Não só ele pensava em termos de progresso – do colonialismo, via independência, até chegar ao *sarvodaya* –, mas também parecia pensar neste como um estado de coisas final, um *Endzustand*, em alemão. Não creio que essa era a abordagem de Mao Zedong. Para ele, as Comunas do Povo constituíam um estágio. A propriedade era coletivizada, mas no plano local. Era socializada, porém no sentido de ter sido transformada numa propriedade pública, não-pessoal, não-nacional. Desse modo, as Comunas do Povo representaram uma possibilidade de formação social para a China, num estágio ou fase de desenvolvimento, e nessa condição eram importantes. A história pode deixá-las para trás, mas também possivelmente retomá-las. Trata-se da visão em espiral do tempo e da história, muito diferente das concepções ocidentais dessa mesma história pelo liberalismo ou pelo marxismo (para não falar no antecessor de ambos, o cristianismo). E, provavelmente, também muito diferente da concepção de Gandhi, que tinha objetivo e estágio final.

Chegamos então à conclusão de que Gandhi deve ser decididamente situado na tradição anarquista, e por essa razão está próximo do maoísmo –

uma conclusão que poderia parecer surpreendente. Estamos falando dos dois países mais populosos do mundo, ainda basicamente agrícolas, certamente alcançados pela revolução industrial mas ainda não tão transformados por ela, como tem sido o caso no Ocidente. Além do mais, referimo-nos a países que têm sido vistos pelo Ocidente como uma periferia. Um deles foi a maior colônia do maior império dos tempos recentes; o outro, foi invadido e humilhado pela mesma Grã-Bretanha no século 19. Em outras palavras, trata-se de países que não só estão tentando acomodar a sociedade industrial num cenário pré-industrial (processo que durou pelo menos um século no Ocidente), mas também buscando livrar a si próprios do domínio econômico, político, militar, cultural e social do Ocidente. Portanto, não é muito estranho que esses dois grandes líderes do século 20 – ambos marcados pelo budismo – tivessem chegado a conclusões um tanto semelhantes.

Gandhi e Mao: dez pontos em comum

(1) **A mudança social começa com as pessoas comuns**; o desenvolvimento serve para aperfeiçoar a sua condição.

(2) **O veículo básico da mudança social é o camponês**; sendo a maioria da sociedade, ele está mais perto da base que sustenta a todos. Com isso, são rejeitadas tanto a visão liberal de construção da sociedade fundamentada numa elite (os mais ricos e os mais inteligentes), quanto o ponto de vista marxista de construí-la tendo como alicerce os trabalhadores, em especial os da indústria pesada (pois eles são a corporificação da sociedade industrial). Porém, a construção baseada nos camponeses não quer dizer *somente* neles. A partir daí, há círculos que se expandem de modo ascendente na sociedade e incluem todos os que querem cooperar.

(3) **A luta pressupõe um fundamento empírico sólido**. As condições exatas dos vários grupos sociais devem ser conhecidas por meio de estudos muito precisos. Talvez se possa dizer que esse empirismo tenha sido usado por Mao mais com base no *criticismo*, e por Gandhi mais com fundamento no *construtivismo*. Contudo, ambos foram empíricos.

(4) **Compartilhar as condições dos menos favorecidos da sociedade.** Só é possível entender inteiramente como é a sua vida participando dela como um deles. Mas é preciso também ser otimista sobre as possibilidades de deixar que os exploradores se juntem à luta, convidando proprietários de terras e outros a participar.

(5) **Com os camponeses, usar persuasão branda, nunca a força.** Você está do lado deles e eles estão do seu; você está habilitado a persuadi-los, mas nunca a forçá-los – a luta é *em favor* dos camponeses, não *contra* eles (cuidado, marxistas!).

(6) **Os seres humanos devem ser tratados como fins, nunca como meios.** Os camponeses – e aqueles que se juntam à sua luta – não são meios pelos quais os líderes e as elites podem alcançar objetivos políticos. São fins por direito próprio, sem cuja participação – e não só a participação aceita, mas também a *desejada* – os líderes perdem o significado.

(7) **O objetivo da luta é uma sociedade mais descentralizada.** Trabalhar em favor dos camponeses significa também dar-lhes mais poder. Uma condição fundamental para tanto é a descentralização do poder em geral; a melhoria social da periferia contra o centro por meio do *empowerment* [empoderamento]. Todavia, na coordenação do *sarvodaya* nas aldeias, Gandhi acreditava mais nos *círculos oceânicos*, enquanto Mao, na coordenação das Comunas do Povo, confiava num centro coordenador forte, que energizaria simultaneamente o poder tanto na periferia quanto no centro da sociedade.

(8) **Ação imediata.** Não esperem: há sempre uma parte do país na qual se pode começar a agir agora mesmo. Não se deve aceitar o repressor/explorador só porque tem sido assim por um longo tempo. Se a situação é intolerável, então não esperem!

(9) **A sociedade deve ser mudada a partir de dentro.** A luta social deve ser empreendida confiando em energias próprias, internas, sem esperar por forças externas ou ajuda vinda do estrangeiro.

(10) **A revolução deve ser permanente.** Haverá sempre novos conflitos ou contradições; a luta não é uma questão de golpe único. A crítica leva à luta, esta conduz possivelmente a uma nova ordem social, a qual por sua vez deve conduzir à autocrítica, que é o começo da

compreensão de como novos conflitos estão tomando forma. O *swaraj* não é só contra os ingleses mas é também para as próprias pessoas, para o seu desenvolvimento e autoconfiança. A regra de que "aquele que não é uno com as massas não pode lutar" se aplica também após a "vitória", quando um grupo chegou ao poder. Conseqüentemente, encontraremos Gandhi (1869-1948) em oposição ao seu próprio partido depois da independência da Índia, em agosto de 1947, e Mao Zedong (1893-1976) algumas vezes também contra o seu partido, desafiando a nova autoridade, após a vitória da revolução de outubro de 1949.

Os dois gigantes envelheceram: 78 e 82 anos, respectivamente. Mas de algum modo manobraram para renascer, tornar-se *novos* para continuar jovens. Eis a causa, a conseqüência, ou ambas, de sua filosofia política.

Alguns comentários sobre a relação de Gandhi e Steiner

Voltemo-nos agora para o Ocidente e para um pensamento muito inspirado em idéias orientais, o do alemão Rudolf Steiner (1861-1925). Ele também é um exemplo do que para o Ocidente seria uma pessoa eclética. Combina elementos que muitos mantêm separados, pois liberalismo e marxismo são vistos não só como mutuamente excludentes, mas também como ideologias que de certo modo esgotam o universo ideológico. Para algumas pessoas, as outras ideologias são remanescentes históricos ou simplesmente equívocos.

Nessa ordem de idéias, é particularmente importante a divisão feita por Steiner do "organismo social" – ou simplesmente "a sociedade", como em geral a chamamos – em três partes, o famoso *Dreigliederung*. A estrutura social é vista como composta de três sistemas diferentes: a *vida espiritual/cultural*, a *vida política/legal* e a *vida econômica*. A idéia básica é que se trata de partes separadas do organismo social e, portanto, devem ter vida independente. Precisam coexistir próximas umas das outras e centrar-se em si mesmas: não devem ser artificialmente integradas.

De passagem, é importante notar que essa formulação corresponde aos três tipos de poder que serão examinados na análise da política de Gandhi no próximo capítulo: persuasão, força e negociação – ou, dito de outro modo, poder normativo, coerção e poder remunerativo. Steiner liga essas três esferas aos *slogans* clássicos da Revolução Francesa: *liberdade*, para a vida espiritual/cultural; *igualdade* para a vida política/legal; e *fraternidade* para a vida econômica (em geral, ele tem a tendência a dividir tudo em três partes). Entretanto, é generalizar demais – e também fazer um jogo de palavras excessivo – pôr claramente em relevo os pontos nos quais Steiner se relaciona com Gandhi.

Para Steiner, a educação era absolutamente fundamental para qualquer teoria e prática da sociedade, o que também – como veremos mais tarde – pensava Gandhi. A educação/instrução pertence à esfera espiritual/cultural e deve ser totalmente independente das outras duas. De modo mais específico, precisa ser independente do governo, cuja única tarefa é administrar a vida política/legal.

Em tudo isso, o mais importante é a idéia da total independência para a vida econômica, o que de nenhum modo significa "livre empresa" no sentido liberal, conservador, do capitalismo sem obstáculos. Steiner aborda essas questões por meio de duas proposições fundamentais. Primeira: o ponto a discutir não é a fábrica na qual são produzidos os bens, nem as instituições em que são organizados os serviços, nem o sistema de distribuição, nem o consumo de bens e serviços. O ponto de partida é a totalidade, o *ciclo econômico* completo como diríamos hoje. Em torno das associações cíclicas de todos os interessados na vida econômica, devem ser reunidos produtores, comerciantes e consumidores. Em outras palavras, Steiner não aceita o ponto de vista – tão freqüente entre os marxistas – de que a luta básica se localiza na parte produtiva do ciclo econômico e, mais especificamente, entre os que possuem os meios de produção e os que neles trabalham. Ou seja, entre os compradores e os vendedores de trabalho. A reorganização precisa ser feita na totalidade do ciclo econômico.

Segunda proposição: Steiner tem uma perspectiva do tipo "pequeno é bonito", articulada com relativa clareza. Tais associações, construídas em torno dos ciclos econômicos, não devem ser pequenas demais – caso em que seriam excessivamente caras –, nem grandes demais, pois dessa forma já não seriam transparentes.

A essas considerações ele acrescenta a idéia de auto-gerenciamento: todos os que fazem parte de um ciclo econômico participam também das decisões a ele relativas. Em outras palavras, a propriedade está sujeita à vontade dos que de uma forma ou de outra dependem do ciclo econômico. *Propriedade é curadoria*: é algo temporário, que pode ser suspenso, tomado de volta. A posse dos meios de produção pelo Estado não representa nenhuma solução: eles continuam a ser propriedades, e talvez ainda mais difíceis de tomar de volta do que qualquer outra forma de posse. Acima dos modos privados de propriedade, há pelo menos um Estado, que pode ser capaz de promover mudanças quando há abusos. Entretanto, acima do Estado como proprietário situam-se apenas o povo e os outros Estados. O que significa que modificações fundamentais em geral só serão possíveis sob as condições de uma *revolução* que comece por baixo (guerra interna), ou uma *intervenção* que venha de fora (guerra externa). "Quem possui o Estado?" torna-se a questão crucial. Uma resposta: reduza-o a um mínimo absoluto, deixe que as pessoas possuam a si mesmas.

O que é central para Steiner também o é para Gandhi: só aquilo que foi produzido pode ser transportado e vendido, isto é, tratado como mercadoria. Seres humanos não podem ser comprados e vendidos, como acontece sob as condições de escravidão; nem o trabalho humano sob as condições do capitalismo, seja ele privado ou estatal. Os seres humanos devem ser sempre vistos como pessoas, não apenas como objetos da vida econômica. O mesmo se aplica à base de toda a nossa existência. Incluem-se aqui os recursos naturais e, como tenderíamos a realçar hoje, as fontes de energia. Por outro lado, parece que Steiner e Gandhi são de opinião que o capital pode ser comprado e vendido. Assim, seria desejável pagar para tornar disponíveis aqui e agora, no devido ritmo e tempo, taxas de câmbio, comissões e juros.

Como tudo isso se relaciona com a Tabela 3 acima? Nem para Steiner nem para Gandhi o Estado é uma organização acima de tudo o mais, que planeja em detalhes a vida econômica, na condição de socialismo estatal ou burocrático. Em outros termos, nenhum dos dois é *vermelho*. Também não são *azuis*: a propriedade privada não é considerada legítima, mas sim um *gerenciamento* que deve ser feito de maneira coletivamente responsável. No entanto, eles diferem quanto à definição dessa coletividade.

Gandhi parece situá-la, de um modo um tanto simplista, no plano local: na aldeia indiana melhorada que era a sua esperança para o futuro – talvez algo como Gandhigram, perto de Madurai, em Tamil Nadu. É claro que numa pequena aldeia com alto nível de auto-suficiência os ciclos econômicos seriam transparentes, visíveis por todos e em princípio controláveis – desde que a luta gandhiana por um sistema mais horizontal de castas tivesse dado resultados positivos. Mas a fragilidade dessa fórmula é igualmente clara: do ponto de vista geográfico, ela é muito limitada.

É aqui que Steiner surge com um conceito muito mais geral que o de ciclo econômico: a rede. Em princípio, ela se expandiria de aldeia em aldeia e de país a país, desde que permanecesse compreensível por todos. E assim, todos os participantes do ciclo econômico poderiam encontrar maneiras de cooperar, num espírito de fraternidade, para torná-la tão satisfatória e eqüitativa quanto possível.

Portanto, onde Gandhi se mostra muito *verde* com seu localismo, Steiner abre as portas para algo que poderia estar inteiramente no espírito gandhiano. Mesmo que ficasse além da realidade daquele vasto conglomerado de aldeias, que incluía algumas metrópoles esparsas e exploradoras – a Índia de meados do século 20 – a quem Gandhi dirigia sua mensagem. Steiner proporciona uma abertura para alguns elementos do *azul*, tal como o conhecemos. O comércio a longa distância requer tecnologia de comunicação e de transporte. Muito dessa tecnologia já havia sido desenvolvida pelo capitalismo. A cooperação de longa distância também requer suporte tecnológico, e grande parte dele se relaciona ao sistema estatal moderno. Steiner não consegue escapar desses dois pilares da sociedade moderna. Mas pode modificá-los, enfraquecê-los, fortalecer as pessoas e a sociedade civil, construindo com base em redes em vez de sobre a corporação e a burocracia. Num certo sentido, Gandhi escolhe uma saída mais absolutista, longe do Estado e do capital, por meio da retirada para as aldeias, embora muitas delas estejam ligadas pelos "círculos oceânicos". Pretende confiar só na sociedade civil; já Steiner confia em todos os três componentes da sociedade moderna.

O autor pode opinar? Num certo sentido já o fiz, ao transcrever o pequeno poema citado no fim da seção sobre o Gandhi religioso. Minha posição seria eclética. Falaria em favor de uma sociedade tipo "arco-íris", que combinasse elementos do capitalismo, do planejamento e do localismo brandos; azul, vermelho e verde claros. Para mim, Gandhi é verde-escuro demais em sua perspectiva econômica e política, embora deva ser compreendido nos termos de sua experiência concreta e situação histórica. Steiner apresenta uma forma inovadora de tentar combinar esses três pólos da atividade econômica.

De todo modo, as semelhanças entre Gandhi e Steiner são muito mais importantes do que a dessemelhança entre a participação das pessoas no âmbito das aldeias e no domínio da rede ou ciclo. Afinal, Steiner reagia ao capitalismo conservador, ao socialismo marxista e à social-democracia burocrática da Europa dos primeiros vinte e cinco anos do século 20. Gandhi contestava a miséria dos moradores das aldeias na Índia rural, explorados pelo colonialismo britânico, pelas elites urbanas e pelo sistema de castas, algumas vezes isoladamente e outras em combinação. Para ele, deve ter sido de imensa importância – como já se argumentou muitas vezes acima – combinar as seis campanhas indianas. O lugar onde isso pôde ser feito de modo mais construtivo e realista foi precisamente a aldeia, o plano local, a entidade orgânica existente aqui e agora. Os potenciais a liberar eram imensos, por causa dos recursos humanos e naturais – desde que as limitações sociais e mentais pudessem ser superadas pela luta social e pessoal. Portanto, a aldeia se tornou o seu palco principal, o que o aproximou mais de Mao do que de Steiner.

1.4 O Gandhi político: algumas implicações iniciais

Tiremos agora algumas implicações de tudo isso, com especial referência à situação política na qual muitas pessoas se encontram na Europa ocidental e nos EUA. Penso na mobilização para a paz e no movimento verde, não em ligações vagas, descompromissadas em relação à "paz" e ao "desenvolvimento" em geral. Quanto aos pontos acima, mencionados de passagem, este é o lugar de tentar reuni-los e desenvolvê-los um pouco mais.

Podemos começar dizendo que a luta de Gandhi foi global. Originou-se de uma experiência global da realidade social. Como poderia ter sido diferente? Toda a energia de sua alma e toda a sua tremenda força política vieram da visão da totalidade, não de alguma concepção tecnocrática, setorial, da realidade. Nos casos que forem necessárias mudanças reais, essa abordagem é provavelmente indispensável.

Porém – e em segundo lugar –, não existe o perigo de que uma visão total também leve a práticas totalitárias? Em outras palavras, se a sociedade se equivocasse em muitas dimensões ao mesmo tempo, não seria o caso de que só uma mudança total pudesse ajudar, aqui mesmo e agora mesmo, em todas as dimensões e simultaneamente? Em outras palavras, total não seria igual a totalitário?

Nesse ponto, Gandhi foi provavelmente guiado pela filosofia hindu. Nela, o princípio holográfico desempenha um papel fundamental. Quem buscar de modo simplista as quatro principais metas hindus, *dharma* (dever), *artha* (as posses), *kama* (prazer) e *moksha* (liberação), se for no encalço de cada uma isoladamente não obterá nem mesmo aquela que procura. É muito melhor ir aos poucos, gradualmente, com as quatro – de modo que aquilo que se ganha com uma possa ser usado para facilitar o progresso com as outras –, do que tentar mergulhar de cabeça em uma delas, esperando que sua compreensão pavimente o caminho para as demais.

Gandhi era um revolucionário nesse segundo sentido, hindu-oriental, e não no primeiro, cristão-ocidental, no qual se espera que muito se origine de um só fator. O "fator" pode ser a crença na salvação pela fé em Jesus Cristo, ou no crescimento dos investimentos, ou na propriedade coletiva dos meios de produção, esperando que o resto cuide de si mesmo com um certo automatismo, uma vez que o fator básico foi atendido.

Caminhando mais vagarosamente – e em muitas trilhas –, Gandhi conseguiu algo importante: tempo para refletir e adquirir experiência. Portanto, afinal de contas talvez ele não tivesse muitas razões para estar insatisfeito com o próprio trabalho, ao fim de sua vida. Talvez tenha progredido muito e não só no campo da independência. O próprio exemplo do *swaraj* pode servir para ilustrar esse ponto hindu: muitas coisas não aconteceram automaticamente, na onda da independência política. Portanto, uma das principais implicações da concepção total de Gandhi – sua visão holográfica – é precisamente a de que ela não teve de se tornar totalitária. E assim é porque ela não presume a necessidade da mudança total, em todas as dimensões de uma vez só, nem em só uma delas na esperança de que o resto venha de modo automático. Gandhi foi um revolucionário multidimensional, gradualista, evolucionário. Uma combinação rara: sincrônico, mas gradual.

Em terceiro lugar, o ponto de vista gandhiano sobre a independência revela uma mensagem muito importante: o "desacoplamento coletivo" do "país-mãe" – o poder colonial – não era uma rejeição total deste nem do povo inglês. O próprio fato de que a Índia e a Grã-Bretanha poderiam encontrar-se numa comunidade "horizontal" de nações (os ingleses agora são mais numerosos na Índia do que antes) mas presumivelmente como amigos, já é uma evidência notável do quão bem-sucedida foi a não-violência gandhiana na luta colonial.

Em quarto lugar, há também algo a aprender com a filosofia gandhiana de luta e não-violência/violência. Levantar-se, ser corajoso, lutar, é a primeira coisa a fazer; tanto quanto possível, ela deve ser não-violenta. Com isso, quero dizer que a promoção de algum tipo de defesa combinada, na qual a coragem militar e a não-militar possam atuar lado a lado se alinha inteiramente com o pensamento de Gandhi para o movimento de paz. O que seria totalmente contra a posição gandhiana seriam ameaças e ataques; em outras palavras, meios de destruição ofensivos e provocadores. Seria também contra essa postura submeter-se ao mal, ao invasor, ao opressor. "Resistir ao mal" era a proposta de Gandhi, para quem tal resistência é um dever.

Quinto: os pontos de vista de Gandhi sobre independência, resistência, luta e vida religiosa eram ecléticos: tanto revolucionários quanto moderados. Mas sua visão de organização econômica tem uma certa singularidade que não deve ser necessariamente aceita sem crítica. Mais especificamente, sua ênfase na aldeia como um lugar onde a vida pode desabrochar melhor não é apenas unilateral, mas também não-dialética. Não leva em conta estágios futuros, nos quais poderiam ocorrer formas de organização social mais importantes. Há muito que aprender com o modo como ele pensa que as aldeias devem ser organizadas. Ao mesmo tempo, porém, o *sarvodaya* gandhiano deveria ser considerado também um produto de circunstâncias históricas e sociais específicas. Sob condições sócio-históricas diversas, a mensagem básica poderia ter sido expressa em outros termos.

Sexto: Gandhi tentou combinar o destaque liberal da ação individual – o voluntarismo – com a ênfase marxista na ação das massas quando "a situação estiver madura", ou seja, quando as contradições estiverem suficientemente desenvolvidas. Ele certamente acreditava em estruturação de consciência e organização de massas. Seu conceito de *satyagraha* vê a organização como uma condição necessária. No entanto, também acreditava nas ações dos *satyagrahis* individuais e, mais especificamente, em si mesmo. Na vida política prática, muitas vezes recorreu a esta última condição por meio do jejum "até a morte", sempre que as ações de massa não levavam à meta desejada ou dela se desviavam. Na realidade, ao fazer isso ele pressionava seus próprios seguidores e os ingleses. Ninguém queria assumir a responsabilidade por um jejum que conduzisse realmente à sua morte. Portanto, uma conclusão importante é que a ação individual jamais deve ficar no caminho da ação popular. Talvez essa seja mais uma razão pela qual as percentagens citadas no começo deste capítulo se revelaram daquela forma. Gandhi agigantou-se demais, e por essa razão tornou-se o Pai da Nação. Não muito mais que isso.

Essa circunstância aponta para uma vantagem que podemos ter no Ocidente, em relação à Índia de Gandhi: a "democracia oriunda do povo". Indica também um certo ceticismo em relação à liderança de uma única pessoa. Essa é a razão pela qual se deve diferenciar não-violência, não-violência gandhiana e a não-violência de Gandhi.

2. O GANDHI TEÓRICO

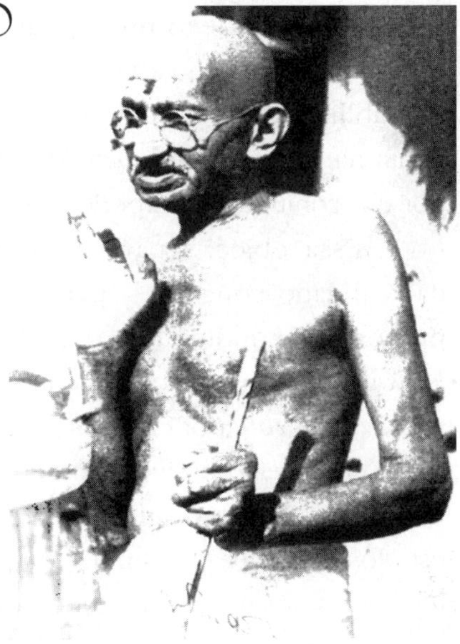

2.1 Gandhi fala sobre metas e conflitos

GANDHI E A CONFLITOLOGIA

Neste capítulo, a abordagem escolhida é o estudo de Gandhi como político e, acima de tudo, como profissional: um *karmayogi*, um homem de ação, não meramente de meditação, mas também ativo no campo do conflito. Trata-se de um esforço para analisar o *satyagraha* implícito de Gandhi como uma contribuição à teoria e prática do comportamento nas lutas grupais do ponto de vista da ciência social. Veremos o que ele escreveu e o que fez com esses escritos e relatos de ações, que parecem ter uma relação direta com os conflitos sociais. O ideal seria que nos tivéssemos baseado em todos os volumes do *The Collected Works of Mahatma Gandhi*. Felizmente, porém, muito pode ser dito com bases menos exaustivas, no sentido de compor um núcleo fundamental. Gandhi não foi somente um filósofo e um político, mas também um cientista social fazendo o que hoje se chama de pesquisa de campo – seus experimentos com a verdade.

Há duas objeções imediatas a esse esforço de separar a conflitologia gandhiana de suas relações concretas com o espaço e o tempo. Primeira: em nome do empirismo, não se teria de estudar com muito cuidado (bem mais do que foi feito no Capítulo 1) o impacto da doutrina gandhiana na África do Sul, na Índia (1893-1948) e mais além, para poder averiguar sua aplicabilidade em outros contextos? O mundo jamais experienciará de novo a luta da Índia pelo *swaraj*. Mas poderá passar por experiências similares: por um conjunto de experiências do qual o próprio *swaraj* é um exemplo.

Essa objeção parece válida até um certo ponto. Só um estudo da realidade concreta – para não falar na *prática* social em si – pode proporcionar indicações daquilo a que realmente conduz a prática do *satyagraha*; em termos de contra-estratégias seguidas por um adversário não-*satyagraha*, por exemplo. Empatia com o adversário e boas inferências sobre como ele possivelmente agiria podem ser um substituto inadequado dos relatos sobre o que realmente aconteceu. Mas a importância de tais estudos é restrita pela limitação básica do empirismo: na melhor das hipóteses, eles nos mostram o que aconteceu no passado, não o que poderia ter acontecido ou o que poderá ocorrer no futuro. Revelam a realidade empírica, não a potencial. Por essa razão, o foco deste capítulo recairá sobre os aspectos transferíveis, generalizáveis, do *satyagraha* separado desses segmentos específicos de espaço e tempo. O fracasso ou o sucesso num contexto tempo-espaço não garante o mesmo em qualquer outro contexto tempo-espaço. Há condições demais, relevantes e cambiantes, que impedem que haja qualquer tipo de reprodução exata. O que interessa é a perspectiva básica, a abordagem geral.

A segunda objeção é que Gandhi só viveu o momento e desenvolveu sua conflitologia em relação aos desafios concretos que teve de encarar. Se tivesse vivido num tempo diferente e/ou em outro lugar, tal conflitologia teria sido diversa. Portanto, devemos respeitar sua natureza singular e seus ensinamentos, e não tentar estendê-los além desses limites de tempo e espaço. Mais especificamente, se ele não tivesse sido assassinado em 30 de janeiro de 1948, mas tivesse vivido durante os 20 anos seguintes em pleno controle de suas faculdades, o que poderia ter acontecido? Não poderia ele ter sido desafiado a desenvolver mais os seus ensinamentos para poder lidar com um governo *nacional* e não apenas com um governo imposto por estrangeiros? Nesse caso, não teria sido levado a exercer alguma forma de oposição? Além do mais, ele poderia ter tido de enfrentar contatos diretos e violentos com forasteiros (casos da China, em 1962, do

Paquistão, em 1965, de Bangladesh, em 1970 e do Sri Lanka, em 1988), e não tumultos comunitários internos e ações menores. E, além da violência estrutural de origem interna, nativa (de castas) – e também a vinda de fora, imposta (colonialista) –, poderia ter de reagir às variedades neocolonialistas de violência estrutural, como a representada pelo Banco Mundial.

Em suma: se Gandhi tivesse continuado em seu duplo papel de político atuante e intelectual extraordinariamente explícito, refletindo sobre as suas próprias ações (foi um profuso orador e escritor: produziu cerca de 10 milhões de palavras!), teria chegado até nós muito mais material. Não nos referimos a "mais guias para o pensamento de Gandhi", e sim a *um pensamento gandhiano ainda mais rico*, pois ele poderia ter se desenvolvido mais, pela necessidade de refletir sobre uma variedade bem maior de situações. Considerando que a suposição subjacente a este exercício específico é a de que esse homem notável – que podia ver o que era invisível para os outros – estava para o conflito social como um Newton e um Einstein para a física, pode-se dizer que em 1948 a bala do assassino privou o mundo de percepções e experiências extremamente difíceis de ser alcançadas.

Contudo, uma conseqüência desse modo de raciocinar é exatamente tornar desejáveis esforços para separar Gandhi de seu contexto. Ele viveu naqueles lugares e naquela época, mas observou a humanidade e agiu em favor dela em todos os tempos. Aqui, Gandhi é visto como parecia ver a si próprio: como um cientista a quem foram dadas amostras extremamente difíceis de realidade empírica, tentando destilar dessas experiências princípios gerais de verdade. Para nós, é impossível dizer o impacto que poderia ter ocorrido sobre a sua doutrina se ele tivesse escolhido lidar com realidades conflituosas em algum outro contexto de tempo e espaço.

Gandhi teve um vislumbre da *condição humana*: um lampejo extraordinariamente rico e variado, se levarmos em conta a sua longevidade, a duração (mais de cinqüenta anos) e o nível extremamente alto de seu envolvimento numa grande variedade de conflitos. Ainda assim, o que ele conseguiu foi só um relance. Tentou estendê-lo além da experiência direta, em parte forçado pelos questionadores que dele extraíram pontos de vista sobre conflitos em outros lugares. Mas esse esforço foi limitado, resultou numa amostragem influenciada. Portanto, ele não pretendeu declarar a verdade definitiva – nesse sentido da palavra –, mesmo sobre aquilo que descobriu por si próprio.

Só para citar um exemplo, ligado à comparação com Mao: o que teria sido a conflitologia de Gandhi, se ele tivesse de trabalhar para a libertação de massas de camponeses contra as "campanhas de extermínio" de Chiang Kai-Shek e contra o imperialismo japonês? Tudo o que temos é nossa seleção das reflexões, palavras e feitos gandhianos, baseada em sua amostragem – que não pode ser generalizada – de encontros com a condição humana.

Terá ela, então, algum valor? Neste ponto, seria adequada uma metáfora. Num certo sentido, Gandhi é como um novo telescópio para um astrônomo. Os argumentos em favor do aparelho – nem tanto por seu inventor, mas pelos seus propagandistas – são imodestos. Afirmam que ele perscruta com mais eficácia as profundezas do Universo e desvela conhecimentos até agora ocultos ao homem. Um exame mais detalhado mostra que o telescópio realmente proporciona novas visões. No entanto ele só foi testado em algumas direções, e o fato de as imagens serem diferentes pode ser devido a distorções sistemáticas, embaçamentos no sistema de lentes, etc. Em suma: é preciso comparar as novas imagens com as antigas. Por exemplo, testar se o novo telescópio é capaz de reproduzir o que "já sabemos". Os publicitários poderiam retrucar que esse teste não é válido, pois as discrepâncias entre as imagens poderiam significar que os demais telescópios usados até agora são todos tendenciosos. Mas isso é inaceitável, pois houve *alguma* continuidade na acumulação do discernimento humano. Assim, usemos esse teste com Gandhi.

Podemos ter alguma idéia da validade de Gandhi como instrumento, se percebermos como ele refletiu sobre conflitos espacialmente distantes do campo de sua especialidade. Como primeiro exemplo, tomemos as seguintes citações de sua autoria sobre a Palestina:

> A Palestina pertence aos árabes, no mesmo sentido que a Inglaterra pertence aos ingleses e a França aos franceses. Foi errado e desumano impor os judeus aos árabes. O que está acontecendo hoje na Palestina não pode ser justificado por nenhum código de conduta moral. Os mandatos não têm outra aprovação a não ser a da

> última guerra. Seria certamente um crime contra a humanidade subjugar os altivos árabes para que a Palestina possa ser total ou parcialmente devolvida aos judeus como sua nação. (*Harijan*, 26.11.1938 (NV - pág. 170)
>
> E agora, algumas palavras sobre os judeus na Palestina. Não tenho dúvida de que eles estão no caminho errado. Na concepção bíblica, a Palestina não é uma extensão de terras no sentido geográfico. Ela está em seus corações. No entanto, se eles querem ver a Palestina geográfica como sua nação, é errado entrar nela sob a sombra das armas britânicas. Um ato religioso não pode ser praticado com a ajuda de baionetas e bombas. Eles só podem se instalar na Palestina por meio da boa vontade dos árabes. Devem procurar converter o coração árabe. (*Harijan*, 26.11.1938; NV - pág. 173)

Em relação a essas citações, o interessante é que Gandhi não aceita o conceito que até recentemente prevaleceu em alguns círculos: o de que a Palestina era "uma terra sem povo" e que assim, aparentemente, poderia ser ocupada por "um povo sem terra". Por outro lado, ele não descartou a possibilidade de que os judeus pudessem lá se instalar; só que isso teria de ser feito "pela boa vontade dos árabes".

Mas parece ter desistido dessa idéia, quando escreveu sobre a mesma questão oito dias depois:

> Entretanto, em minha opinião eles erraram deploravelmente quando procuraram impor-se à Palestina com a ajuda dos EUA, da Inglaterra e, agora, com o auxílio do terrorismo sem base jurídica. Sua condição de cidadãos do mundo poderia e deveria tê-los tornado hóspedes de honra em qualquer país. Sua parcimônia, seus talentos variados, sua grande capacidade de trabalho sistemático, tudo isso deveria tê-los tornado bem-vindos em qualquer lugar. Para o mundo cristão, é uma nódoa o fato de que eles tenham sido preconceituosamente afastados por causa de uma leitura equivocada do Novo Testamento: "Se um judeu cometer um erro, todo o mundo judeu será culpado". Se um judeu como Einstein faz uma grande descoberta, ou se outro compõe uma música incomparável, o mérito

vai para os autores, não para a comunidade à qual pertencem. (*Harijan*, 21.7.1946)

É claro que aqui Gandhi vê os judeus como potencialmente "hóspedes de honra em qualquer país", ao passo que a Palestina pertence aos árabes. Nessa leitura da situação, ele provavelmente foi em parte guiado pelo seu ceticismo em relação aos ingleses e seu sentido de identificação com os árabes palestinos, que estavam numa situação algo semelhante à dos indianos na Índia. Além disso, foi provavelmente guiado por seu forte senso de pertença geográfica: a terra pertence a quem a cultivou.

Dessa maneira pode-se objetar que Gandhi, em sua interpretação daquilo a que hoje em geral se chama de "Oriente Médio", projetou a situação indiana. Ambos foram vítimas do colonialismo britânico de "dividir e rachar" (e governar) e "dividir e deixar", criar um Estado às expensas de outro. Emerge então a solução de criar dois Estados – mas hostis entre si. A próxima citação, sobre o Japão, ainda pode ser consideravelmente válida:

> Quero assimilar todos os seus argumentos, mas infelizmente ninguém vem aqui para nos trazer as coisas boas do Japão. Vocês só acreditam em derramar sobre nós as suas mercadorias. Como posso aceitar um único pedaço de tecido japonês, por mais fino ou artístico que seja? Trata-se de um veneno para nós, porque significa a fome para os pobres da Índia. Vocês deixaram o Ocidente muito para trás em diplomacia, habilidade, bens manufaturados baratos, conflitos armados, exploração. Como podem fazer amizade conosco enquanto não virem nada de errado na exploração? (*Harijan*, 24.12.1938)

Nessa citação, Gandhi assinala aquilo que para ele é básico no conceito de "exploração": a destruição da produção local pelo "derramar sobre nós as suas mercadorias". Mas é interessante notar como ele não generaliza, bem como não faz disso um veredicto geral sobre o Japão. Percebe o fenômeno como um aspecto desse país: "Mas infelizmente ninguém vem aqui para nos trazer as boas coisas do Japão".

Há nessa assertiva não uma rejeição generalizada, mas um convite para que o Japão volte a sua face e mostre outro aspecto de si mesmo.

Nas reflexões sobre a bomba atômica há uma profecia:

> Até onde posso ver, a bomba atômica amorteceu os sentimentos mais delicados que sustentaram a humanidade ao longo das eras. Eram as chamadas leis da guerra, que a tornavam tolerável. Agora temos a verdade crua. A guerra não conhece leis a não ser a da força. A bomba atômica trouxe para os Aliados uma vitória vazia, que resultou, por enquanto, na destruição da alma do Japão. O que aconteceu com a alma da nação destruidora é ainda muito cedo para perceber. (*Harijan*, 7.7.1946)

Com base nesta última frase, não é tão difícil imaginar como Gandhi teria reagido à guerra do Vietnã. Num certo sentido, porém, ele deixa de combinar as duas últimas citações numa questão importante: o que aconteceu com a alma da nação destruída, o Japão? Qual foi a mensagem gravada na alma japonesa pela explosão da bomba atômica? Provavelmente foi: "Nunca mais". Mas não ficou claro se a chave para esse "nunca mais" consiste em copiar o conquistador ou em rejeitar os seus métodos. De um modo geral, esse é um ponto que parece faltar nos escritos gandhianos: o impacto da violência sobre os derrotados. Não no sentido de feri-los e atingi-los fisicamente, mas como uma mensagem arraigada em sua mente, que um dia poderia até mesmo levar a um impulso de vingança, à busca de um pagamento em espécie.

Dois outros exemplos, com base mais direta na não-violência:

> "Bem", disse Gandhi, despedindo-se deles, "se isso se tornar realidade, pode ser que por meio dos negros a mensagem não adulterada da não-violência seja entregue ao mundo". (*Harijan*, 14.3.1936)

Nessa citação ele é profético. Levando em conta que não há indicação de período de tempo, a previsão não pode ser chamada de falsa. Vinte anos mais tarde, na época de Martin Luther King Jr. e Albert Luthuli, seria possível afirmar que a previsão gandhiana havia sido notável. Depois surgiria mais espaço para dúvidas. Mais tarde veio o fim não-violento do *apartheid*, a cooperação de Mandela e De Klerk e, por último, a reconciliação profetizada.

E que tal essa outra citação, também a respeito da África do Sul?

> Lá, a comunidade indiana era um simples punhado no meio de uma imensa maioria de europeus e negros. Os europeus tinham armas. Nós não tínhamos nenhuma, e por isso inventamos a arma do *satyagraha*. Hoje, os indianos são respeitados pelos brancos da África do Sul e os zulus não, mesmo com seu físico privilegiado. (*Harijan*, 1.12.1946)

É difícil avaliar esse trecho. Pode ser que Gandhi tenha exagerado a significação dos acontecimentos nos quais participara 50 anos antes. Além disso, mesmo que seja verdade que os indianos são mais respeitados que os zulus na África do Sul, isso pode ocorrer pelas razões erradas, ou seja, por causa de sua forma de participar no modo de produção da sociedade branca sul-africana. Mas também pode ser, é claro, pela maneira como os indianos foram auto-assertivos, mediante ações corajosas e não-violentas que reforçaram o seu auto-respeito e também o respeito dos outros.

Voltemos à metáfora do telescópio. Ela contém um elemento de elitismo que seria inútil negar. Gandhi não só testemunhou e participou mais do que muitos, como também viu mais fundo e mais longe. A justificativa para a sua credibilidade pode residir no alcance e na extensão de suas percepções. As citações acima revelam uma força formidável, mas também algumas limitações. No entanto, ele realizou experimentos práticos, ao contrário do filósofo que acredita que pode raciocinar e chegar por si próprio a verdades válidas.

É tentador falar sobre as comparações algumas vezes feitas com Jesus Cristo. A vida de Gandhi foi, como a de Cristo, uma amostragem de situações reais, mas sua amostragem é mais importante para a nossa época. Ela tem as lacunas acima indicadas, mas inclui as lutas coloniais, de casta, de classe, de gênero e as coletivas. Embora a realidade gandhiana não tenha sido a ocidental, menos ligações precisam ser entremeadas, menos hipóteses têm de ser introduzidas, menos interpretações precisam ser feitas para torná-la relevante do que no caso de Cristo. Além do mais, Gandhi escreve num inglês excepcionalmente claro e rico; o que Cristo disse permanecerá sempre no campo das conjeturas, dada a complexidade de sua língua, o aramaico.

A principal diferença seria, porém, até que ponto é possível dizer que foi produzida uma doutrina social. Há semelhanças óbvias. Como se diz a respeito de Cristo, Gandhi também viveu entre os publicanos de sua época. Mas seu propósito era diferente. Ambos foram profetas de um Reino, de uma "ordem social", se é que se pode usar essa expressão. No entanto, diferiram basicamente quanto à localização desse Reino. Para Cristo ele não era deste mundo, o que torna muito mais difícil caracterizar como doutrina social o que ele fez e disse. Se Cristo realmente queria purificar a *sociedade* – e não somente o *templo* –, livrá-la dos usurários, tal ação teria sido mais interessante do ponto de vista de uma doutrina social.

No Velho Testamento há imagens de um mundo melhor, o que não acontece no transcendental e apocalíptico Novo Testamento. Ademais, o cristianismo estabelecido com freqüência inclinou-se à tolerância em relação às condições sociais deste mundo. Centrou sua doutrina e prática social no sofrimento do indivíduo, em ajudar as vítimas da violência direta ou estrutural, em vez de remover suas causas sociais. Para Gandhi, tudo isso é muito claro: ele tem uma doutrina social e, mais especificamente, uma conflitologia.

Falemos um pouco sobre a "conflitologia" como disciplina. Trata-se de um conceito amplo. Inclui uma *conflitologia empírica*, hoje em geral baseada numa abordagem social interdisciplinar, bem como uma *conflitologia normativa*, com preceitos mais ou menos explícitos sobre o comportamento conflituoso. Há também muitas associações entre as duas. A depender do tipo de exposição, haverá diferentes modos de validação. Dessa maneira, uma conflitologia empírica pode ser validada pelo confronto com dados, e uma conflitologia normativa pelo cotejo com normas e hipóteses básicas. Gandhi é rico em ambas – e especialmente forte na última –, mas também pleno de descrições e hipóteses empíricas. Em qualquer dos casos, existe em seu pensamento uma *conflitologia teórica* subjacente.

É habitual – e devemos aderir a essa tradição – dividir a conflitologia em três partes: a) considerações sobre a *natureza* ou *gênese* do conflito;

b) reflexões sobre a sua *dinâmica* e lutas; c) e, finalmente, raciocínios sobre a *resolução* do conflito, que correspondem às seções 2.1, 2.2 e 2.3 e à respectiva subdivisão 2.4 deste capítulo. Levando em conta que o próprio Gandhi não formulou uma conflitologia sistemática – nem deu qualquer indicação de como reagiria a esforços para dividir suas declarações nessas três partes –, temos de proceder com um certo cuidado. A tripartição só deve ser utilizada se ajudar a perceber o que de outra maneira estaria mais oculto.

O próprio Gandhi provavelmente tinha uma atitude pouco entusiasta em relação a esse tipo de empreendimento, e sobre o ato de escrever em geral. Eis a sua reação à interrupção da publicação do jornal *Young India*: "Não derramei uma única lágrima". (*Harijan*, 13.5.1939) E ainda:

> Um amigo sugere que eu escreva um tratado sobre a ciência do *ahimsa*. Mas fazê-lo está além de meus poderes. Não fui feito para escritos acadêmicos. Meu domínio é a ação. (*Harijan*, 3.3.1946)

Essa reflexão foi escrita em 1946. É precisamente desse período dos escritos gandhianos que iremos nos valer mais, pois podem nos dar exatamente o que ele negava ter: uma considerável consistência teórica. Trata-se dos textos de um Gandhi no auge de sua experiência. Alguns são extremamente amargos. Em outros, talvez falte a exuberância dos anos mais jovens, mas nem por isso eles são menos valiosos para quem deseja entender o pensamento gandhiano. Em suma, descobri que o velho Gandhi é especialmente precioso.

Ao mesmo tempo, porém, é possível entender e respeitar os sentimentos de Gandhi com referência a si próprio em duas citações famosas:

> Que o gandhismo seja destruído se ele apoiar falsidades.
>
> A verdade e o *ahimsa* jamais serão destruídos, mas se o gandhismo for outro nome para sectarismo, merece ser extinto. Se depois da minha morte eu soubesse que aquilo que defendi degenerou em sectarismo, ficaria profundamente magoado... Que ninguém se proclame seguidor de Gandhi. É bastante que eu seja meu

> próprio seguidor. Sei que não sou um bom seguidor de mim mesmo, porque não posso viver em conformidade com as convicções que defendo.
>
> Disse antes, nestas páginas, que não pretendo ter seguidores. Para mim, basta ser meu próprio seguidor. Já é um trabalho suficientemente oneroso. (*Young India*, 7.5.1931)

Com essas citações, Gandhi parece exprimir muitos fundamentos. É evidente que ele receia que algo chamado "gandhismo" possa cristalizar-se como dogma, como uma gandhiologia. Não fica suficientemente claro o que ele chama de "sectarismo". Contudo, com sua ênfase em *experimentos*, outro aspecto a considerar é que é provável que ele receie elaborar uma doutrina que se torne insensível a experiências práticas e a circunstâncias empíricas mutantes. É provavelmente correto que, do seu ponto de vista, a doutrina deve ter um núcleo imutável, independente de qualquer experiência. Mas isso não é o mesmo que sectarismo. No entanto, segundo o próprio Gandhi, também é possível que não exista um núcleo sagrado no gandhismo, pois ele pode ser considerado destrutível "se ele apoiar falsidades". O critério de erro não fica claro nesse contexto, mas parece ser o fracasso em alcançar a verdade universal e o *ahimsa*. Mais uma vez, a ênfase recai sobre a *busca* de uma doutrina dinâmica e modificável em sua (quase) totalidade.

Em tudo isso há também um elemento do elitismo de Gandhi, quando ele diz: "É suficiente para mim que eu seja meu próprio seguidor". Uma interpretação possível é a de que esses são valores e normas estabelecidos pelo próprio Gandhi. Outra é que eles são também estabelecidos para que outros os sigam, mas apenas como valores e normas a serem adotados em si, e não porque alguém é um "seguidor de Gandhi". O que parece indicar que é necessária uma relação pessoal, direta, com a Verdade e com o *ahimsa*, e não uma ligação mediada por um líder carismático – o próprio Gandhi.

Qual é o papel da ciência social nesse contexto? Em nossa opinião, ela pode ser vista como um meio entre muitos de abordar a verdade gandhiana. A ciência social oferece uma linguagem com a qual de certa forma podem ser expressos os pontos de vista gandhianos sobre o conflito. Gandhi se pronunciou de modo explícito ou implícito sobre muitos dos problemas com os quais vêm lidando os cientistas sociais, e particularmente os políticos. Um cotejo de seu pensamento com a conflitologia é, antes de mais nada, uma forma de enriquecê-la e expandi-la.

É como se estivéssemos trabalhando com um instrumento que melhora ao ser usado, e não com uma ferramenta fixa que lida com os objetos segundo regras imutáveis. Para falar de modo simples e breve, Gandhi é mais rico e mais profundo que a maior parte das teorias ocidentais sobre conflitos. Mas é também exigente, exclui muitas abordagens sobre as quais os mortais menores ainda têm o que defender, como ficará claro na seção 2.3.

Terminemos esta introdução falando um pouco sobre uma questão que sempre surge em relação a Gandhi: o que dizer da oposição não-violenta a ditaduras totalitárias como o fascismo e o nazismo (às quais poderíamos acrescentar o estalinismo)?

Esse problema está bem exposto na seguinte conversa dele com um jornalista, em 1938:

> ... Não seria jogar-se nas mãos desses ditadores se por exemplo os checos, seguindo o seu conselho, os enfrentassem pela não-violência? Sabendo-se que as ditaduras são por definição imorais, as leis da conversão moral continuariam verdadeiras nesse caso?
>
> "Seu argumento", respondeu Gandhi, "pressupõe que ditadores como Mussolini ou Hitler estejam além da redenção. Mas a crença na não-violência se baseia na suposição de que a natureza humana é em sua essência uma só, e portanto responde infalivelmente aos progressos do amor. Deve-se lembrar que até agora eles sempre tiveram respostas prontas à violência que usaram. Ainda não depararam com uma resistência não-violenta organizada e em escala apreciável, se é que ela ocorreu em qualquer escala." (*Harijan*, 24.12.1938)

Não há dúvida de que essa citação pode evocar todos os tipos de sentimento, como "que ingenuidade incrível!", entre os que enfrentaram o fascismo de Mussolini e o nazismo de Hitler. Mas vamos confrontá-la com a seguinte história, que é interessante mas surpreendentemente pouco conhecida (*Berliner Morgenpost*, 3.3.1984). Trata-se de uma manifestação contra a Gestapo, em favor de judeus perseguidos. Que tivesse sido *bem-sucedida*, é algo que pode parecer incompreensível quando se olha para os anos sob Hitler. Mas na realidade ela aconteceu no auge da guerra e do terror – fevereiro e março de 1943 – e em Berlim, o centro do nazismo hitleriano, e confirma a assertiva de Gandhi feita alguns anos antes.

A máquina letal chamada "solução final da questão judaica" já funcionava há algum tempo. Em seu primeiro giro, centenas, depois milhares, dos cidadãos judeus da capital do país haviam sido retirados de suas casas e apartamentos, e classificados para ser levados aos campos de trabalho e morte na Europa Oriental ocupada. Tal como previsto nos infames *Wannsee Protokolle*.

Mas ainda restavam mais de dez mil judeus em Berlim. Que essa "classificação" só podia significar o pior era uma probabilidade que beirava a certeza. Por isso, os que foram deixados fizeram o possível para ser registrados como indispensáveis em seus empregos.

No entanto, em 27 de fevereiro de 1943, unidades armadas das SS e funcionários da Gestapo vieram a esses locais de trabalho, prenderam os judeus e os transportaram em caminhões até vários pontos de reunião. Quem não estava trabalhando foi procurado em casa. Só muito poucos conseguiram fugir e esconder-se. A maioria foi dividida em três grupos: os que tinham altas condecorações militares, os que pertenciam a casamentos mistos (com cônjuges "arianos") e o resto. Esse terceiro grupo foi levado no dia seguinte para a Polônia, e nada mais se ouviu a respeito deles. Eram cerca de sete mil.

Esta história fala do segundo grupo. Eles passaram a noite seguinte à sua prisão – sábado, 27 de fevereiro de 1943 – sem comida, luz ou aquecimento e sob temperaturas abaixo do ponto de congelamento. No domingo, foram levados para a casa da congregação judaica na Rosenstrasse. Foi-lhes dito o seguinte: "Não podemos despachá-los porque vocês têm esposas arianas. Mas temos outras medidas a tomar: colocá-los nos *bunkers* e nos campos de concentração. E as poremos em prática sem hesitação".

Na madrugada seguinte, porém, aconteceu algo sensacional. Como relata um dos sobreviventes: "Toda a Rosenstrasse, até o Hackischer Markt, estava entupida de gente. Eram nossas esposas que haviam acorrido em massa, exigindo que fôssemos libertados". "Chorando e gritando em desespero", recorda outro, "as mulheres não paravam de gritar: 'Devolvam os nossos maridos', 'devolvam aos nossos filhos os seus pais'."

Elas eram centenas. Cercaram a Rosenstrasse desde o começo da manhã até tarde da noite. Foram expulsas mas voltaram, sem se impressionar com as piores ameaças. Como conta outro sobrevivente: "Sua coragem e tenacidade foram decisivas para o nosso destino. A Gestapo cedeu à pressão e, dez dias depois, o portão foi aberto para a liberdade".

Para muitos, tal liberdade foi apenas temporária. Das várias centenas dos salvos, alguns depois tiveram de trilhar o amargo caminho de Auschwitz. Contudo, o sucesso dessas mulheres corajosas nos leva a perguntar se todo esse morticínio teria ocorrido tão facilmente se os alemães, em sua maioria, não tivessem sido tão influenciados pela propaganda; tão amedrontados pelo terror de Estado; e tão temerosos em relação à guerra, que os havia "desencorajado".

O resultado foi que milhares de judeus sobreviveram em Berlim e arredores, escondidos por amigos e algumas vezes mesmo por estranhos; protegidos do terror do regime.

Essa história leva a uma conclusão importante. Esses judeus eram diferentes dos outros num aspecto específico. Foram "arianos" que cuidaram deles, que os amaram, e tanto assim que se dispuseram a arriscar suas vidas por eles numa manifestação não-violenta. E se o resto da população alemã tivesse feito o mesmo por todos os outros judeus e por outros mais, com simpatia e empatia suficientes?

Não é preciso dizer que tudo isso faltou num país em que sempre houve muito anti-semitismo latente, levado a níveis ainda mais altos pelo nazismo. E no entanto essa história aconteceu! É muito difícil acreditar que se milhões de alemães tivessem ocupado as ruas, na tentativa de defender seus compatriotas, tudo o que aconteceu pudesse ter ocorrido e que as autoridades não ficassem impressionadas.

Muitos alemães "arianos" também foram presos, e até agora não se ouviu falar de manifestações como essa. Então por que ela aconteceu em fevereiro-março de 1943? Há uma explicação simples. Nesse caso específico, trata-se de uma categoria bem definida de pessoas, situadas num mesmo tempo e lugar. Pessoas que se conheciam, cujos parentes também se conheciam. No caso dos demais alemães presos – protestantes e católicos, socialistas e comunistas, sindicalistas e outros –, não prevaleceram essas condições. Sua identidade era desconhecida. Eles não estavam no mesmo lugar e ao mesmo tempo. Era mais difícil mobilizar redes. Mesmo assim, esses fatores sociológicos parecem relativamente menores em relação a uma determinante principal: os alemães não tinham nenhuma idéia do que fazer, nenhum conhecimento, nenhuma experiência de contramedidas vigorosas como as improvisadas naquele dia por aquelas corajosas mulheres alemãs em Berlim.

É interessante comparar tudo isso com o que outro alemão, Lutero, escreveu a respeito dos judeus em seu famoso texto *Sobre os judeus e suas mentiras* (1543):

> O que então nós, cristãos, faremos com essa raça exigente, os judeus?... Considerando que eles vivem entre nós e que sabemos de suas mentiras, blasfêmias e maldições, não podemos tolerá-los... Dessa maneira, não podemos aplacar o fogo inextinguível da ira divina... ou convertê-los. Devemos, piedosa e reverentemente, exercer um rigor compassivo.
>
> "O que", continua ele, incluiria "pôr fogo em suas sinagogas e escolas e cobrir com terra o que não for queimado, de maneira que ninguém possa jamais ver de novo uma pedra ou cinza delas, quebrar e destruir suas casas... para que eles tenham de viver em estábulos como os ciganos e aprendam que não são os senhores em nossa terra, como se vangloriam, e vivam na miséria e no cativeiro", privá-los de seus livros sagrados, silenciar seus professores, proibi-los de viajar ou comerciar e seqüestrar seus bens de raiz, porque "tudo o que eles possuem pilharam e roubaram de nós com sua usura".

Eis aqui uma grande manifestação do anti-semitismo alemão, exposta com muita clareza. Com tais divisões na população, só os casamentos serviram como pontes eficazes para levar à ação não-violenta. O resto da história foi contado por outro alemão, Martin Niemoceller:

Quando os nazistas vieram buscar os comunistas, fiquei calado: eu não era comunista.

Quando eles prenderam os social-democratas, continuei em silêncio: eu não era um deles.

Quando prenderam os sindicalistas, não protestei: eu não era sindicalista. Quando me prenderam,

já não havia ninguém

que pudesse protestar.

Páscoa de 1976,

Kaiserslautern – Siegelbach.

Conclusão: a principal razão pela qual a não-violência não funcionou na Alemanha de Hitler foi que ela não foi praticada. Quando o foi, mesmo pelo grupo mais vulnerável, ela deu resultado.

Metas

Para prosseguir com uma discussão sobre o *satyagraha* como meio de lidar com conflitos, precisamos levar em conta os objetivos de longo prazo. Muitos conflitos são sobre metas de curto prazo, questões em curso. O problema é para onde essa estrada nos leva. Isso não é só importante porque a doutrina gandhiana da consistência meios-fins – essencialmente um conjunto de princípios que nega a distinção entre uns e outros –, torna obrigatório ver a luta à luz dos objetivos. Não se trata somente de que a luta deve levar à meta – ou mostrá-la –, pois o modo de lutar deve *revelar o objetivo;* trata-se também de que o objetivo, a utopia de Gandhi, o *Rama Raj*, é a ordem social na qual o conflito pode ser melhor resolvido pelo *satyagraha*. Assim, vemos aqui uma dialética fértil. O *satyagraha* é uma condição para chegar ao *Rama Raj* [reino de Deus ou da Verdade] ou para aproximar-se dele. Mas o *Rama Raj* é também uma condição para o perfeito funcionamento do *satyagraha,* com indivíduos melhores numa estrutura melhor. Gandhi não antecipa um futuro no qual os conflitos sejam completamente controlados e excluídos, mas sim um porvir no qual o comportamento dos conflitos esteja de acordo com a Verdade e a Não-Violência – a "Lei para os seres humanos". Entendemos o *satyagraha* como um esforço para apresentar a Lei de um modo que possa ser traduzido em ações concretas e as várias *formas* (fechamento do comércio em protesto, não-cooperação, desobediência civil, *satyagraha* individual etc., ver o Capítulo 3) sejam manifestações concretas, sujeitas a variações no tempo e no espaço. Conseqüentemente, o *satyagraha* não pode ser jamais entendido como uma simples tecnologia do conflito. Como o nome diz, ele é um modo de chegar à Verdade.

A estrutura da Verdade de Gandhi – sua utopia – se desenvolve com base em três princípios simples de expor mas difíceis de compreender: a) não-violência *(ahimsa)*; b) autoconfiança *(swadeshi)*; c) autopurificação. Uma sociedade não-violenta é não-exploradora, eqüitativa; não apenas é igual em direitos e oportunidades, mas também no sentido de que nenhuma parte explorará as outras. Nenhuma relação de troca deverá ser mais benéfica para uma parte que para outra. Chamemos tal estrutura de horizontal, sem a preocupação de defini-la com mais detalhes neste ponto. Ela vai muito mais fundo que o conceito liberal ou social-democrata de igualdade: pressupõe mudanças estruturais básicas, não apenas a redistribuição dos valores acumulados aqui e ali na estrutura social.

Para Gandhi, uma estrutura horizontal é condição necessária para a auto-realização, pois libera tanto o explorador quanto o explorado dos grilhões de estruturas exploradoras. Aplica-se a todos os níveis: entre indivíduos, entre aldeias e entre unidades maiores. Gandhi queria purificar o sistema de castas, tirando-lhe o componente vertical. Desejava manter a divisão do trabalho implícita na casta *(varna)* por motivos a serem examinados adiante, mas nenhuma casta, nenhuma ocupação deveria ser classificada acima de outra. O sistema de castas deveria ser horizontal. Gandhi argumentava que esse era o sistema original, e o que veio depois era uma aberração. Considerando que ele queria uma sociedade com um nível relativamente simples de desenvolvimento tecnológico, era também a favor de novas castas, sem necessariamente recomendar o clássico número *quatro*.

Parece haver duas razões principais para essa divisão de trabalho ou, mais corretamente, divisão de pessoas para o exercício de uma ocupação pela vida inteira. Ela estrutura as pessoas – e também a sociedade – pelo estabelecimento de metas ocupacionais claras, oferecendo o orgulho do exercício de uma profissão e livrando os indivíduos da busca inexorável de mobilidade social. Dado o desaparecimento da dimensão vertical, eles não precisavam se preocupar nem se esforçar à procura de posições mais altas, nem com o medo do declínio. Por outro lado, está fora dos propósitos dessa estrutura social o movimento incessante de um *varna* para outro.

Ao permanecer em seu *varna* e não violar outros, eles agem segundo um contrato social implícito: não devo tentar competir com você em sua ocupação e você não competirá comigo na minha – continuamos cada um em seu *varna*.

No âmbito das aldeias, Gandhi previu algo semelhante. Com a eliminação do componente vertical, nenhuma aldeia é só cliente ou consumidor; nenhuma outra aldeia ou cidade tem permissão para ser somente patrão ou produtor. Há trocas, mas elas são igualmente estimulantes e benéficas para as partes envolvidas. Eis a fórmula: nem dependência, nem total independência no sentido de isolamento, mas sim *interdependência eqüitativa*. Só dessa maneira a estrutura intra e inter-aldeias se torna não-violenta.

Contudo, Gandhi dá mais um passo significativo. Há uma duplicidade em sua abordagem: de um lado, a interdependência, de outro, a autoconfiança. Em termos econômicos, esta última tende para a auto-suficiência, a capacidade do indivíduo – *ou* da aldeia, *ou* da nação – para separar-se e permanecer isolado durante o tempo que quiser. Há uma dupla motivação por trás disso: de um lado, a capacidade de autoconfiança, caso ocorra algum tipo de exploração ou crise generalizada; de outra parte, a autoconfiança surge como um meio de auto-realização. A estrutura deve ter uma grande capacidade de auto-regeneração – de autodefesa, por assim dizer – contra qualquer espécie de violência. Visto que a *separação* (não-cooperação), conduzida da maneira prescrita pelo *satyagraha* é um componente fundamental da luta contra a exploração, sua base já deveria estar presente na própria estrutura. Se uma aldeia puder ser intimidada até a submissão porque depende completamente de outras para sobreviver – ou se for possível fazer o mesmo com um indivíduo pela mesma razão –, então a estrutura construiu, em seu próprio seio, um elemento *latente* de violência estrutural.

Tal situação pode ser impedida pelo desenvolvimento da defesa no interior da estrutura: a *autoconfiança*. Na teoria, isso quer dizer que a auto-suficiência naquilo que é essencial é necessária para a interdependência.

Na prática, significa que cada aldeia deverá ser capaz de cultivar e produzir – pela agricultura, artesanato e mesmo pela pequena indústria – aquilo de que precisa para manter um nível mínimo razoável de vida. Nessas condições ela pode se separar, se quiser, sem sofrer qualquer intromissão em sua autonomia. Do mesmo modo, o indivíduo também terá capacidade de sobreviver. Terá o conhecimento e a habilidade necessários para cultivar seu próprio alimento e prover a si mesmo e à sua família com roupas e abrigo. É evidente que seria necessária não só a distribuição de habilidades, mas também a de algum tipo de direito coletivo de propriedade ou acesso a matérias-primas (solo, sementes, água, algodão etc.).

Entretanto, o possível uso da separação como um mecanismo de defesa é secundário ao propósito básico: o afastamento como condição de autopurificação. Ao que parece, Gandhi prevê aqui um padrão de oscilação com fases alternativas de contração e expansão; contração em si próprio com separação do mundo circundante, para poder meditar e autopurificar-se; expansão na direção da interdependência ativa em relação a esse mesmo mundo, com o objetivo de compartilhar. Mas essa oscilação pressupõe também uma base de autoconfiança sob a forma concreta de auto-suficiência – tal como praticada pelo próprio Gandhi.

Pode-se argumentar que ele subestima a necessidade de estimulação externa – até mesmo com estímulos altamente diversificados – para a auto-realização. No *Rama Raj*, cada pessoa está unida ao seu *varna*. Também está, em grande medida, ligada à aldeia. Mesmo que isso não aconteça, mesmo que ela se mova de uma para outra, não importa muito. Pois as aldeias de Gandhi, embora se relacionem muito com as outras em círculos oceânicos, parecem ser relativamente semelhantes entre si. Pode existir divisão de trabalho segundo as oportunidades e as especializações, mas não encontrei nenhum estímulo explícito nos escritos de Gandhi em relação à *diversidade* e ao *pluralismo*. Isso significa que o indivíduo não obterá estimulação adicional nem pela mobilidade social – trocando de *varna* – nem pela mobilidade geográfica – mudando de lugar. A primeira é proibida e a última é em geral inútil numa estrutura uniforme. Ao imaginar futuras alternativas, Gandhi não era um pluralista estrutural nem era dialético.

Na verdade, ele era um pluralista nos planos individual e cultural, como se observa por exemplo em suas preces transreligiosas. *A imersão dos eus no Eu transpessoal é a imersão da diversidade na unidade*. Ele poderia ter dito que a busca de estímulo pela mobilidade social e geográfica é apenas uma inquietação, um modo de desviar a atenção do inesgotável reservatório de estímulos para a auto-realização, que existe em cada um sob a forma de capacidade de amar e servir. Também poderia ter dito que a finalidade do *varna* – e a de uma certa uniformidade – é precisamente evitar a busca externa e favorecer a pesquisa interna da autopurificação pela leitura, pela meditação, pelo diálogo.

Por outro lado, para os que não compartilham essa crença – ao menos não completamente –, o seguinte raciocínio também poderia merecer alguma atenção. No *Rama Raj*, cada indivíduo só utilizará uma fração de seu potencial criativo, dentro do limitado alcance a ele proporcionado pelo *varna*. É necessário que sua vida seja enriquecida, ou pelo *job-rotation* (movimento de um *varna* para outro), ou pelo *job-reconstruction* (combinação de mais *varnas* num só), ou por ambas as coisas. O que importa é que exista uma estrutura rica o bastante para oferecer oportunidades mais variadas para as novas pretensões, incluindo o direito de permanecer num só *varna* a vida inteira. O mesmo se aplica ao plano coletivo: o essencial é a *oportunidade* de escolher e movimentar-se num mundo mais diversificado, o que inclui o direito de estabelecer-se num determinado meio social por toda a vida. Não é óbvio que esse mundo se torne um capricho insaciável, em outros termos, que ele possa estorvar a busca da autopurificação pelos meios prescritos por Gandhi. Ao contrário, poderia enriquecer o gandhismo ao torná-lo estruturalmente mais pluralista nesse contexto.

Os pontos de vista gandhianos sobre as máquinas e, implicitamente sobre a indústria, são importantes. Ele é mais contra o maquinário do que contra as máquinas, e por três razões. A primeira é o impacto destas sobre a mente humana, que ele chama de *loucura*. O culto às máquinas e bugigangas se torna mais uma forma de desviar a atenção do que é essencial (outros modos são a falta de controle do apetite, da sexualidade fora da procriação e da posse de supérfluos). Em segundo lugar, há a *exploração*, a maneira pela qual as máquinas e a indústria geram relações patrão-cliente e produtor-consumidor, com o poder e os recursos em geral acumulados nas mãos dos proprietários do maquinário. Em terceiro lugar, há o aspecto da *alienação* das máquinas como algo que constitui um elo mecânico, não-humano – e mesmo anti-humano – entre o homem e seus produtos, entre o ser humano e ele próprio. Nas duas últimas críticas, Gandhi não diferiu muito do marxismo, mas este parece menos preocupado com o primeiro ponto, pois em geral é entusiástico em relação às máquinas. Gandhi adota tanto o aspecto vertical (a exploração) quanto o mais horizontal (a alienação) dessa crítica. Contudo, quando se trata da divisão do trabalho, ele só compartilha com Marx – como foi mencionado acima – a crítica vertical, pois pretende manter as castas, purificando-as ao livrá-las do ingrediente vertical. Em seu famoso adágio "caçador de manhã, pescador à tarde, pastor ao anoitecer e crítico social à noite", Marx parece antever as condições um tanto rápidas e complexas do *varna,* como a rotação de ocupações e a combinação de várias delas numa só.

As razões para rejeitar o maquinário não conduzem a uma rejeição completa das máquinas. Na famosa aceitação gandhiana da máquina de costura Singer, vemos a boa acolhida de um maquinismo que pode ser operado por uma pessoa, e que portanto não leva nem à exploração nem à alienação (mas talvez à mania?). E isto leva à interessante questão de se Gandhi teria aceito mais máquinas desse tipo (como o *laptop* usado para produzir este manuscrito), ou seja, a buscar mais aparelhos que não se enquadrassem em suas objeções ao maquinário. Essa questão também é importante, se considerarmos que Gandhi era unilateralmente orientado para aldeias e agricultura e para a indústria em pequena escala, e pouco oferecia às cidades. Por outro lado, isso era o seu *Rama Raj*, seu Reino de Deus – sua ideologia metafísica expressa concretamente e neste mundo.

Será que Gandhi sentenciou para sempre a humanidade a uma vida moldada pela simplicidade rural das isoladas aldeias indianas, ainda não atingidas pelo colonialismo do estrangeiro ou pelas cidades? Concordaríamos com seus intérpretes que vêem isso como uma visão equivocada do real? A vida em aldeias ilustra um conjunto mais abstrato de princípios, por meio dos quais podem ser postas em prática outras manifestações. O ponto crucial é a autonomia em unidades pequenas, descentralizadas, sem a exclusão de *todos* os frutos da moderna civilização técnica, sejam eles doces ou amargos. Essa autonomia requer uma constante escolha da tecnologia, favorecendo os processos tecnológicos que podem ser utilizados cooperativamente no plano local, isto é, num conjunto de aldeias.

Assim, a visão de Gandhi é a de um sistema concêntrico de unidades auto-suficientes fracamente ligadas umas às outras. Para controlar seu próprio destino, as pessoas devem viver em unidades pequenas e descentralizadas. Tais unidades devem estabelecer trocas mútuas, e é necessário que exista uma superestrutura internacional moderada que regule as relações entre as nações. Mas como manter tudo isso junto, afinal? A visão de Gandhi – o sistema de círculos oceânicos – é inspiradora, mas ele não a descreve com detalhes.

Por outro lado, isso não significa que uma luta conduzida aqui e agora e/ou com o próprio grupo tenha uma perspectiva meramente local. Uma ação de *satyagraha* bem-sucedida num determinado lugar pode ter efeito contagioso. Pode servir de catalisador e cristalizar potenciais de ação similares em lugares semelhantes. Pode também servir de modelo tanto para a formação de grupos quanto para determinar o que fazer. Pode, ainda, servir para indicar ao antagonista que sua vida pessoal não está em perigo (como o Zimbábue foi um modelo para a África do Sul, e a Jordânia para Israel). Com sua participação em conflitos, Gandhi visava a metas pedagógicas de larga escala. Deve ter acreditado numa disseminação de efeitos, mas com a ressalva de que ela de modo algum dispensa as pessoas em conflito de lutar as suas próprias lutas. Da mesma forma, o esforço não pode ser conduzido por especialistas em conflitos – tirando os conflitos dos outros, "resolvendo-os" por eles –, mesmo os mais bem intencionados. Para Gandhi, tais pessoas seriam ladrões de conflitos.

O ponto capital não é tanto considerar que o *sarvodaya* é uma ordem social que pode ser conseguida por meios não-violentos. A tese oposta é mais importante: o *sarvodaya* é a sociedade na qual a não-violência pode mais facilmente constituir a lei da terra. Mais concretamente, pode-se dizer que isso significa duas coisas.

Primeiro, numa sociedade assim, consegue-se a condição externa para a autopurificação e a autonomia. Os impedimentos foram removidos. Trata-se de uma sociedade não-violenta, com suas necessidades humanas básicas satisfeitas. Se há autonomia para todos, não há ninguém que possa privar dela os outros, o que seria nada mais nada menos que uma forma de violência.

Em segundo lugar, mesmo numa sociedade como essa Gandhi não tinha ilusões de que não haveria, de uma forma ou de outra, conflitos e violência. Tais situações exigem ação não-violenta. E aqui pode-se ter vislumbres importantes da psicologia e sociologia implícitas na não-violência gandhiana. Nessa sociedade, o indivíduo isolado se desenvolverá de tal modo que chegará perto de tornar-se um perfeito *satyagrahi.* Na sociedade *sarvodaya,* a estrutura permite que o *satyagraha* seja mais operativo do que em qualquer outra forma social. Em outros termos, em vez de perguntar como resolver os conflitos da ordem social existente, com as pessoas que nela vivem, pode-se dizer que Gandhi fez a pergunta oposta. Dado um padrão desejável de comportamento conflituoso, como deverá ser a estrutura social para tornar a abordagem o mais eficaz possível? Essa, entretanto, é também uma formulação incorreta, porque pressupõe que é possível separar as duas. O ponto básico é simplesmente este: *a sociedade ideal proporciona as condições ideais para a abordagem ideal dos conflitos.*

Conflitos

Para situar Gandhi, é necessário falar sobre a teoria geral dos conflitos. É o que faremos, de modo breve.

Essa teoria faz uma distinção entre as *condições conflituosas,* isto é: atitudes latentes, pressupostos, contradições, e suas manifestações sobre o *comportamento* dos atores. Atitudes e comportamentos destrutivos não devem ser confundidos uns com os outros, pois podem coexistir de maneira independente. A contradição refere-se a algum tipo de *incompatibilidade,* por exemplo, a objetivos que bloqueiem o caminho do outro, que podem ou não acompanhar-se de atitudes hostis.

De um modo geral, os conflitos podem assumir duas formas. Na menos cristalizada, há incompatibilidade entre os *valores subjetivos dos atores* numa determinada sociedade. Com muita freqüência, existe uma mistura: uma elite muito nítida de atores com valores muito claros, em contraposição a uma "facção" mais difusa, composta pelas massas e seus interesses. As elites têm a capacidade de prevalecer sobre as massas, precisamente porque os interesses destas não se tornaram valores conscientes, e assim elas não se tornaram atores capazes de formular e seguir estratégias.

É óbvio que para que um interesse se transforme em objetivo é necessária a *formação de uma consciência* (que inclui o afastamento da falsa consciência). Para que uma facção se torne um ator, é preciso *mobilização e organização*. Esses dois processos são básicos para o estudo do conflito. *Como político,* Gandhi converteu os interesses das massas indianas em metas claramente definidas e as mobilizou e organizou para a ação. Porém, muitos outros líderes políticos fizeram isso. A contribuição gandhiana situa-se num nível bem mais profundo.

Quando relacionadas aos conflitos, as atitudes e comportamentos são em geral vistos como negativos. Dessa maneira, podem tomar a forma de súbitas explosões de ódio ou violência direta. Mas também podem assumir o formato mais institucionalizado de um distanciamento social generalizado e de violência estrutural. No que diz respeito a conflitos raciais e étnicos, o distanciamento social é geralmente chamado de *preconceito* e a violência estrutural de *discriminação*. Mas o padrão básico é o mesmo.

E assim chegamos ao que pode ser chamado de triângulo do conflito:

Tabela 4. O triângulo do conflito – ABC

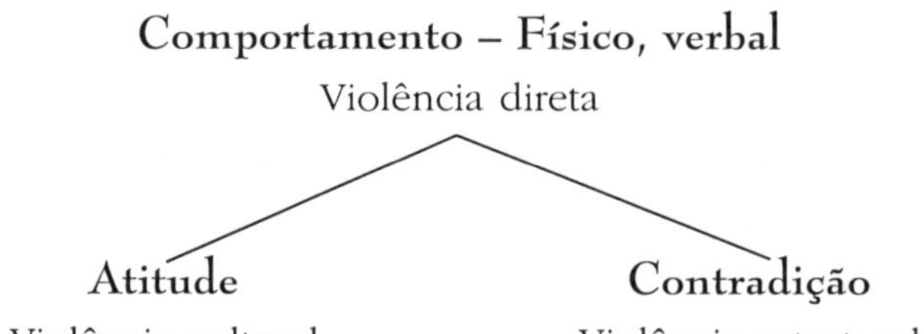

De um modo geral, *quanto menos cristalizado for o conflito mais estruturais serão as contradições*. É quando o conflito se cristaliza que ocorrem as explosões não-estruturais de ódio – razão pela qual o conflito cristalizado habitualmente chama muito mais atenção. É usualmente nesse estágio que se dá a *escalada*. As manifestações conflituosas súbitas levam a mais cristalização e a mais conflitos, pois existe uma incompatibilidade óbvia entre um ator que quer atingir e ferir (física e psicologicamente) o outro, que por sua vez quer evitar ser atingido e ferido. Essa situação conduz a atitudes e comportamentos ainda mais negativos e assim por diante. Enquanto isso acontece, a contradição original e as raízes estruturais podem até mesmo ser esquecidas.

Neste ponto, podemos distinguir três tipos de conseqüências que podem surgir quando o conflito atinge esse estágio: a) a escalada progressiva, que leva à destruição de uma ou de ambas as partes; b) a *polarização*, que resulta em retirada mútua e desescalada, que conduz em última análise à institucionalização do conflito, mesmo que num nível mais baixo de cristalização; c) a *resolução* do conflito. Esta geralmente corresponde ao desfecho desejado, e por várias razões. Antes de mais nada, é um modo de evitar a destruição mútua. Mas esta também pode ser evitada por meio da polarização e da institucionalização – como se faz com as lutas de classe na maioria das sociedades.

Entretanto, a polarização não é uma resposta real ao conflito porque não resolve nenhuma incompatibilidade. Nela, o estado conflituoso apenas é congelado, pára-se o relógio da história – o que torna o conflito instável, recrudescente, faz com que ele saia de sua fase institucionalizada e chegue ao confronto direto. Mas há algo igualmente importante: a institucionalização de um conflito, sob a forma de violência estrutural ou polarização, absorve uma quantidade imensa de energia social e humana. As partes ou atores não superam as incompatibilidades e seguem em frente. Quando um conflito se torna estrutural, mesmo num nível baixo de destruição, a sociedade foi de algum modo ferida. No entanto, a fronteira entre a institucionalização de uma luta e alguns modos de resolvê-la não é de modo algum nítida. Por isso, *algumas* formas de institucionalização talvez sejam preferíveis à violência direta.

O que Gandhi traz para esse contexto?

Ele também traça uma linha nítida entre a contradição da incompatibilidade como tal e suas manifestações. Todas as suas advertências sobre o fato de que se deve "lutar contra o mal, não contra quem o faz" podem ser vistas como ligadas a essa distinção. Mas é importante acrescentar que Gandhi ultrapassa em muito a simples diferenciação teórica para fins de análise.

Lutar contra o mal não é apenas o contrário de lutar contra os que o praticam. É também uma negação da institucionalização do conflito. Noutros termos, *os conflitos têm de ser resolvidos. Não podemos tolerar sua continuidade, devemos ser irreconciliáveis com eles.* A base racional dessa afirmativa poderia ser colocada nos termos da dupla razão acima indicada: não só para evitar derramamento de sangue ou destruição em geral, mas por causa dos males gerados pelas contradições e a necessidade de "desatolar-se". Deve-se dar atenção aos conflitos e resolvê-los, não varrê-los para baixo do tapete. A história tem de continuar.

Não lutar contra quem faz o mal não significa negligenciá-lo. Gandhi nega que os conflitos devam necessariamente conduzir a atitudes e comportamentos negativos e destrutivos. Pelo contrário – e isso talvez seja mais fundamental do que foi afirmado no parágrafo anterior –, embora ele deseje resolver os conflitos em si, também percebe que o processo conflituoso pode ser positivo para a relação entre as partes ou atores. Em vez de entender negativamente a incompatibilidade, vendo-a como a negação de uma relação harmônica, *ele parece interpretá-la de um modo mais positivo. Uma relação conflituosa é melhor do que nenhuma relação.* Um conflito entre você e eu significa que pelo menos temos algo em comum, um laço, uma ligação. Se existe uma incompatibilidade, isso quer dizer que temos um problema em comum, o nosso problema, seu e meu. No entanto, um problema é um convite à solução. Lutemos juntos contra esse antagonismo, não um contra o outro. O conflito é uma espécie de matéria-prima a ser processada com cuidado, à qual se deve dar a forma de relações sociais harmoniosas entre pessoas mais maduras.

Dito de outro modo: Gandhi prefere uma relação de desarmonia à ausência completa de relações, mas obviamente prefere a harmônica à desarmônica. Considerando que são muito comuns as classificações em que a harmonia vem primeiro – seguida da ausência de relações e da desarmonia –, é necessário um exame mais profundo desse aspecto.

Duas ligações fundamentais parecem ter sido usadas por Gandhi para chegar a essa espécie de conclusão.

Primeiro, há a *Doutrina da Unidade-do-Homem.* Os humanos são ligados uns com os outros por meio de laços que vão além das relações sociais; trata-se de um vínculo de natureza mais profunda, talvez transcendental. Comparadas à força básica dessa união, as relações sociais se tornam efêmeras. Contudo, os relacionamentos sociais podem servir também para exprimir esse laço essencial. Se elas forem harmoniosas, poderão refleti-lo e até mesmo fortalecê-lo. Se forem desarmônicas, podem alertar-nos e reativar a unidade fundamental. Se não houver nenhum laço social, faltará concretude às relações entre o seres humanos, e assim a unidade de homens e mulheres permanecerá mais abstrata.

Em segundo lugar, vem a questão do *ator* versus *a distinção estrutural*. Gandhi foi em ampla medida um estruturalista, o que não quer dizer que não recorresse às outras pessoas, inclusive aos "malfeitores". Mas foi um estruturalista, no sentido de perceber os conflitos em suas profundezas, como algo construído no âmago das estruturas sociais, não no íntimo das pessoas. A diferença (sincrônica) e o desenvolvimento (diacrônico) sempre produzirão incompatibilidades. Estas então se congelam em estruturas. Uma pessoa pode se separar de uma estrutura. Com essa percepção, tornou-se mais fácil para ele absolver os atores. Em seu modo de entender, o colonialismo e as castas eram estruturas; ambos são ocupados por pessoas que desempenham suas tarefas de acordo com seus papéis ou *status*, como diria um sociólogo. O mal está na estrutura, e não na pessoa que desempenha o seu papel. Ao agir mal ela freqüentemente peca, mas isso não a torna pecadora. Gandhi distinguia *peccato* de *peccatore* – como se faz no cristianismo católico, mais que no protestantismo –, ou seja, fazia a diferença entre o pecado e o pecador.

Com base nessas duas doutrinas, é tentador usar a estrutura subjacente da Unidade-do-Homem para apelar às pessoas portadoras das estruturas do mal; pedir-lhes que considerem não a sua pecaminosidade, mas os pecados da estrutura. Gandhi parece otimista ao acreditar que, em toda parte, o homem pertence mais à Unidade-do-Homem do que à estrutura social em que atua, consegue suas recompensas sociais e satisfaz seus interesses.

Mas ele também tinha uma segunda linha de defesa. Se os apelos à razão e à compaixão não levavam a lugar nenhum, as resoluções não-violentas – sob a forma de não-cooperação e desobediência civil (defensiva e ofensiva) – poderiam ser a resposta. Tendo em conta que a raiz do conflito é percebida como basicamente estrutural, Gandhi estava sob constante pressão para elaborar modelos de comportamento conflituoso que ao mesmo tempo preservassem as pessoas e demolissem as estruturas. Nesse aspecto ele não é o único. Nas sociedades democráticas, há uma tradição de abordar os conflitos dessa maneira, por meio de conversações, negociação, votações que culminam em acordos. O que é novo é o argumento gandhiano de que essa abordagem ampla é válida para todos os conflitos – com a ressalva, é claro, de que é indispensável a preparação dos atores pela autopurificação.

Com essa visão em geral positiva do que o conflito pode significar para as partes, Gandhi não precisava de uma doutrina que afirmasse ser muito fácil construir uma sociedade sem conflitos. Sua sociedade ideal – seu *Rama Raj* –, tinha de ser mais aproximada do que alcançada. Deveria ser uma estrela-guia: mais uma imagem na mente das pessoas que um projeto a ser implementado em todos os detalhes. Em suas discussões sobre a sociedade do futuro, há também um destaque sobre como se deve lidar com o conflito. Trata-se do oposto da doutrina marxista, na qual há pouca ênfase sobre como novos tipos de lutas de classe devem ser abordados na sociedade comunista, e ainda menos na socialista. O conflito é uma condição perene. Isso não significa, porém, que o colonialismo, as contendas coletivas de casta, o sexismo e a sociedade de classes devem durar para sempre. As lutas assumirão sempre novas formas, algumas delas surpreendentes.

Gandhi também não parece ter tido a visão de uma sociedade humana livre de conflitos num passado remoto, um paraíso de felicidade anterior ao pecado. Certamente via os conflitos em que participava de modo mais ativo – colonialismo, castas, coletivismo, etc. – como algo artificial, que havia sido trazido para a história humana. Mas não pensava em resolver um conflito hoje para pôr um fim a todos os demais, amanhã e para sempre.

Também não parece afirmar que está além do poder humano livrar-se das tendências para a agressão e a dominação ou, em outras palavras, para a violência direta ou estrutural. Ele não adota, porém, a visão simplista de que essa condição virá apenas como resultado de transformações estruturais: afirma que é também indispensável a autopurificação – e a purificação tanto da estrutura quanto a do eu é um processo infindável. Poderá haver escorregadelas, idas e vindas, e daí a necessidade de atenção constante. Em outras palavras, um conflito mais se assemelha a uma revolução permanente do que a uma que acabe com todas as outras, anunciando o milênio.

Para Gandhi, a não-violência não é uma série de ferramentas que podem ou não ser escolhidas de um conjunto ainda mais abrangente de instrumentos para lidar com conflitos; ela *é uma* abordagem para lidar com seres humanos, não com brutos, com animais. Por outro lado, é em si mesma um conjunto de instrumentos, dentro do qual há espaço para escolhas e, acima de tudo, para a elaboração de novas ferramentas. Tal elaboração só poderá acontecer como conseqüência da *práxis*, não de teorizações fáceis. As ferramentas não podem nascer apenas de esquemas abstratos: precisam ser testadas na prática por meio de *experimentos* com a Verdade. Devem ser descartadas e retomadas, remodeladas e melhoradas, sempre que surjam novos instrumentos que possam ser introduzidos no contexto.

Considerando que para Gandhi o mundo empírico está em constante fluxo – tornando-se, e não sendo –, ele foi também construtivista em vez de empirista em sua abordagem à não-violência. Em outras palavras, não supõe que seja possível desenvolver instrumentos aqui e agora e depois afirmar que sua validade é ilimitada, que se estende a outros lugares e a qualquer tempo. No entanto, desenvolver e escolher não significa que o *satyagraha* também é um conjunto de tecnologias? Não: ele é um fim em si próprio. Eis um exemplo trivial: para uma pessoa que goste da viagem em si, ir de A para B é uma delícia, um objetivo que até mesmo ofusca a chegada a B. Para alguém que só quer chegar a B (por exemplo, o topo de uma montanha), o modo de chegar (alpinismo, helicóptero) é uma tecnologia. O ângulo do montanhista – ou do esportista proverbial, para quem participar e não vencer é o mais importante – é mais parecido com aquilo que o *satyagraha* é para Gandhi.

Mas isso não poderia levar a um estado de prazer tão grande, que *participar do conflito* se transformasse *num fim em si*? Talvez sim. Não há dúvida de que a participação não-violenta – tal como a violenta – pode se transformar numa espécie de vício. A única segurança contra essa anomalia seria a de que a participação implica *riscos* pessoais, ou seja, é suficientemente desagradável para dissuadir qualquer um que não seja masoquista. Também implica – por assim dizer – a norma enérgica, a obrigação de assumir o trabalho com o conflito e concluí-lo. O *satyagraha* é um objetivo em si, não o causador de mudanças no adversário. É também direcionado internamente, e não orientado para efeitos ou resultados, como acontece com uma tecnologia.

É à luz dessas noções que devemos entender a *avaliação de utilidade* de Gandhi quando se trata de participar em conflitos, pois ela difere dramaticamente do cálculo-padrão "ocidental". Talvez essa relação possa ser ilustrada como se segue, comparando as avaliações de defesa militar e não-militar "ocidentais" e a gandhiana. No Ocidente, o critério básico de avaliação de um conflito é "não vale a pena atacar": caso nos ataque, o antagonista perderá mais do que ganhará. Há uma alta probabilidade de que isso aconteça, e ela deverá ser-lhe comunicada de antemão para que ele desista do ataque (dissuasão). Na versão militar de defesa, deve-se infligir graves perdas ao agressor; elas precisam ser absolutamente inaceitáveis, ou pelo menos muito pesadas em relação ao que ele espera ganhar. Pela versão não-militar de defesa – ou defesa civil –, a dissuasão deve centrar-se na idéia de não deixar que o agressor vença, em vez de causar-lhe perdas.

Isso pode ser feito por meio de sabotagem auto-infligida contra objetos físicos; ou pela não-cooperação e desobediência civil dirigidas contra estruturas sociais repulsivas, exploradoras, etc. Em qualquer dos casos, será necessária muita preparação para que essa iniciativa seja verossímil. Além disso, ela precisa ser anunciada com muita antecedência para que possa ter um efeito dissuasório.

O *satyagraha* difere desses dois tipos de defesa em pelo menos dois aspectos importantes. Aproxima-se do tipo não-militar, mas não tanto quanto supõem alguns pacifistas ocidentais.

Com a variedade não-militar de defesa, Gandhi compartilha a idéia de que não se devem causar danos ao antagonista, mas essa atitude inclui os danos que poderiam resultar de privá-lo de alimentos, água e abrigo. Nesse particular, ele é muito explícito: é contra a sabotagem física, a "política de terra arrasada" e o boicote econômico que ameace a vida. O invasor deve ser visto como equivocado e não como malicioso, alguém que esteja além da redenção. Negar-lhe o essencial às suas necessidades básicas não aumentaria as suas possibilidades de entender o quão equivocado está. Além disso, violência contra a propriedade cedo ou tarde tende a produzir violência contra pessoas.

Entretanto, não se deve permitir que ele interfira em nossa autonomia, pois isso não só a diminuiria como restringiria nossas possibilidades de autocompreensão. Cooperar com o invasor na repressão/exploração é cooperar com o mal. A não-cooperação é um dever, tanto para o bem do agressor quanto para o da vítima. Ao agir assim nós o privamos de possíveis ganhos, o que é coerente com um programa não-militar de defesa. Mas de novo há aqui uma diferença muito importante. Em uma nação moderna, complexa, industrial, um programa de defesa não-militar provavelmente se basearia na idéia de manter reservas secretas que possibilitassem a subsistência, ao longo de um período de não-cooperação com represálias. Tais salvaguardas incluiriam alimentos e água, bem como abrigos ocultos para determinados líderes. Tudo isso, no entanto, é rejeitado pelo *satyagraha* tal como concebido por Gandhi.

Salvaguardas assim implicam acima de tudo o sigilo, o que *a priori* equivale a uma declaração de desconfiança em relação ao antagonista. Reduzem também o nível de previsibilidade, pois o oponente é confrontado com uma sociedade parcialmente fechada.

Em segundo lugar (e mais importante): a sociedade ideal de Gandhi – que está próxima do nível mínimo de subsistência, por sua rejeição de benefícios materiais e ênfase no fortalecimento espiritual –, é em si mesma a melhor defesa desse ponto de vista. Nenhum ladrão ganharia muito roubando o próprio Gandhi, considerando o seu proverbial mínimo de posses materiais. O mesmo acontece numa sociedade não-violenta: não há propriedades desnecessárias a roubar. Cabe aqui o argumento de que o atacante pode acreditar que é possível extrair muito em termos de recursos naturais. O que é verdadeiro: esses recursos são tão pouco explorados sob as condições do *sarvodaya* que acaba sendo não só um direito, mas simplesmente um dever, do agressor forçar a mudança de propriedade.

Surge daí um terceiro tipo de argumento: tudo isso é verdadeiro, mas também significa que se há tão pouco a ser perdido pelo grupo *satyagraha*, ele não terá medo de perder propriedades ou de sofrer represálias físicas. Portanto, lutará à sua maneira e conquistará o ânimo do agressor.

Em quarto lugar, vem o fator que Gandhi destacou com muita freqüência: mesmo que o grupo *sarvodaya* perca tudo, mesmo que seja morto, ele ainda poderá vencer, pois a própria participação no conflito pode tê-lo levado a um ponto de autopurificação não facilmente alcançável em condições menos desafiadoras e cansativas. Ou seja, se ele puder morrer sem nenhum ressentimento contra a pessoa equivocada que o matou, ainda assim terá vencido. Essa crença, e o fato de acreditar que a autopurificação de um indivíduo pode beneficiar toda a humanidade, e proporcionar a todos um começo mais elevado para a próxima vida na Terra (transmigração), muda completamente a avaliação de utilidade. Mas ela pressupõe a crença de que a vida continua a fazer sentido depois da morte, seja na Terra ou em qualquer outro lugar. Pressupõe também uma avaliação ética coletiva.

No entanto, essa diferença nasce não só de um conceito mais rico de "vitória", mas também do fato de que Gandhi parece ver todos os conflitos como "jogos" de soma positiva e não como de soma zero (ou, mais corretamente, de soma por crescimento e não de soma por adição constante). No *satyagraha* corretamente executado só há vencedores. Não existe o ganho de uma parte e a perda de outra. Segundo Gandhi, a auto-realização não é algo que proporcione resultados automáticos a qualquer das partes por meio da participação. São necessários o envolvimento ativo, o esforço e a autopurificação. *O conflito oferece essa oportunidade* de reestruturar a ordem social para a construção de uma sociedade mais humana (isto é, permite a auto-realização). Eis, portanto, o ponto básico da conflitologia gandhiana: o *conflito é uma dádiva, uma rica oportunidade em potencial para o benefício de todos.*

Neste ponto, pode ser ainda mais útil mudar o modo de pensar: deixar de falar em termos de um conflito entre duas, três ou mais partes e pensá-lo como um distúrbio do relacionamento orgânico que faz com que acreditemos que existem duas, três ou mais partes onde na realidade só existe uma. Para aceitar esse modelo mental, não é necessário introduzir a idéia de um *corpus mysticum*, uma ligação transcendental entre as partes que foram destruídas pela desavença. Ao contrário, a unidade de uma aldeia – que, segundo Gandhi, é o estado natural das coisas – é que foi destruída, desfigurada, ou talvez "mascarada" pelo conflito. Em conseqüência, a tarefa é restaurá-la ou recriá-la, pois ela significa concórdia social, "harmonia de interesses", e é o reflexo social do pressuposto básico da unidade da humanidade. A desarmonia corresponde à sua distorção.

Partindo dessa imagem fundamental, deduz-se que duas partes em conflito não são inimigas. A inimizade entre X e Y torna-se integrante da personalidade de ambos. Fica internalizada e, o que é mais importante, não é substituível. A é o inimigo de B, não apenas de qualquer um; e vice-versa, se a inimizade for recíproca. É óbvio que Gandhi jamais aceita esse tipo de rancor como uma relação. O conflito existe, mas é uma coincidência que ocorra precisamente entre essas duas *pessoas*. Para ele, o que acontece é que a relação desses indivíduos é antagônica, ou pelo menos *parece* sê-lo aqui e agora. Tal circunstância deve servir como um sinal para que as duas se aproximem, ao menos em algum outro lugar e tempo. Em vez de agir como uma cunha, o conflito deveria ser considerado um estímulo para o contato: "Você e eu temos algo em comum – um conflito!", como foi dito acima. Em lugar de ver o conflito como um sinal para o início de ações hostis, ele deve ser entendido como um convite à cooperação, à criação conjunta de relações e crescimento saudáveis.

Talvez possamos ir mais longe na elucidação dos pontos de vista de Gandhi sobre os conflitos, se examinarmos com mais profundidade os benefícios potenciais deles derivados. Assim, se uma desavença produz bipartição em vez de unidade, ela também dá às partes uma oportunidade única de auto-enriquecimento por meio da participação na pendência. Aquilo que o cientista social registra como "percepção polarizada" num embate, para Gandhi é algo muito mais sério. Para o cientista social, as partes em litígio são consideradas não só como portadoras de percepções muito discrepantes: também têm percepções errôneas. O calor da refrega não só obscurece, mas também distorce o seu discernimento. Por isso, não se pode esperar que elas se ajudem mutuamente; precisam do auxílio de terceiros que vejam as coisas de um modo nítido, objetivo.

O ponto de vista gandhiano é diferente. Ele não só rejeita a intervenção de terceiros, como parece considerar o conflito um meio pelo qual as partes podem desenvolver um grau mais elevado de autopercepção, bem como de percepção da outra parte. Sua advertência constante, repetida com freqüência, de que se deve procurar conhecer os pontos de vista da outra parte, bem como os próprios, precisa ser visto a essa luz. Mas a abordagem de Gandhi não é como a de Sócrates. Ele certamente não se limitaria a um diálogo na periferia do sistema de crenças do antagonista: continuaria até o âmago. E adotaria como tema básico o *aprendizado*, não o ensino, como fazia o filósofo grego. Visto que os dois antagonistas estão unidos pela desavença, não se trata de um exercício inútil. O laço que os une torna-os parte um do outro.

Por uma série de fatores casuais, os adversários foram levados a posições antagônicas numa dada estrutura social. Isso quer dizer que eles devem perceber aspectos diferentes da mesma verdade. A circunstância de que também *poderiam*, por alguma coincidência, ter sido colocados em posições de harmonia, deve levá-los a definir-se mutuamente como antagonistas e não como inimigos. O fato de serem parte do mesmo sistema social (como diria o sociólogo) torna-os bem mais que antagonistas: eles se transformam em aspectos diferentes da mesma totalidade. Assim, sua tarefa não é a destruição mútua, mas o exame conjunto do ponto de vista de cada um como perspectivas, de modo a melhor transcender o conflito e criar um sistema novo. O fato de serem antagonistas deve torná-los mais – e não menos – capazes de fazer isso, precisamente porque juntos podem perceber muito mais da realidade social por ângulos diferentes.

2.2 Gandhi fala de lutas e conflitos

Poder

As idéias gandhianas sobre o poder são fundamentais para o conjunto de sua abordagem do comportamento conflituoso, e estão entre os aspectos mais originais do *satyagraha*. Em sua luta contra a injustiça de qualquer espécie, o encontro com o poder opressor levantou a questão de como contrabalançá-lo. O enfrentamento das relações de dominação e exploração é uma luta contra meios de influência que estão em mãos de outros, e que em geral são de três tipos: *força, negociação e persuasão*; ou seja, poder coercitivo, utilitário e normativo. A abordagem tradicional ao problema de como contrapor-se ao poder é posta em termos de equilíbrio, de como juntar quantidades (pelo menos) iguais de meios para neutralizar a força; recursos – em especial de natureza econômica – cuja finalidade principal é negociar em termos de *quid pro quo*; e também como construir um poder normativo ou moral, sob a forma de uma ideologia pelo menos igualmente dominadora e persuasiva.

Essa não era a abordagem de Gandhi. Interpretá-lo afirmando que ele substitui os outros dois poderes pelo poder moral não é exatamente incorreto. Mas é uma trivialização de seus pontos de vista – pois isso seria outro modo de lidar com o equilíbrio do poder, compensando uma ideologia com uma contra-ideologia, o apelo de alguns símbolos e pessoas com o impulso carismático de outros indivíduos e sua simbologia. É natural que prevaleça essa interpretação limitada da abordagem de Gandhi ao poder, pois muito do que ele disse parece expressar exatamente isso. Além do mais, ele obviamente não tinha à sua disposição meios de destruição nem bens para negociar. Sua força era a energia mental – mas a ela deve-se dar uma interpretação inteiramente diferente da comentada acima.

De um modo bem simples, pode-se dizer que a abordagem gandhiana ao poder se baseava mais no *poder do indivíduo sobre si mesmo* do que no *poder sobre os outros.* Infelizmente, nossos idiomas parecem ser deficientes quando se trata de diferenciar essas formas muito diversas de poder, embora se possa usar a palavra *autonomia* para traduzir um pouco do que significa "poder-sobre-si-próprio". Assim, Gandhi interpretava o *swaraj* não apenas como um autogoverno, no sentido padrão de independência, mas como um governo sobre o eu, o que significa autocontrole. Pretendo demonstrar que aqui devem-se incluir conceitos como autopurificação e auto-realização. Para que isso seja feito, é preciso construir uma ponte entre os dois tipos de poder.

Nenhum potencial de poder pode ser convertido em influência – fazer com que os outros concordem –, a menos que haja alguma ressonância na pessoa que se submete. Para que a força (ou sua ameaça) funcione, deve haver um elemento de *medo*; para que a negociação (ou promessa dela) funcione, deve haver um tanto de *dependência* daquilo que é oferecido pelo outro lado; para que a persuasão funcione, deve haver um elemento de *submissão.* Isso quer dizer que existe uma alternativa a equilibrar o poder-sobre-os-outros com esse mesmo poder orientado de outra maneira: o poder-sobre-si-mesmo, isto é, o de controlar o medo, a dependência e a submissão, frustrando assim as expectativas de obediência. A chave para a neutralização do controle é o autocontrole, e ela tem alguns componentes:

audácia, desinteresse, auto-suficiência e até mesmo autodependência (em francês: *autodependence*) e, finalmente, identidade ou auto-respeito (*dignidad*, em espanhol).

A audácia e a auto-suficiência estão claramente ligadas ao pensamento e à ação gandhianos. Uma olhadela a seus pertences – expostos no Museu Gandhi, em Rajghat, Délhi – basta para reafirmar que com ele não havia muito espaço para negociar mercadorias. Porém, o desinteresse pelos bens materiais produzidos por outros pressupõe auto-suficiência na produção do mínimo necessário ao indivíduo. Um indivíduo é livre do poder de outro – sob a forma de negociação – quando é auto-suficiente em relação às suas necessidades materiais mínimas; isso vale para pessoas e também para países. Assim, o *swadeshi* é uma condição necessária, se não suficiente, para o *swaraj*.

A audácia, que em última análise significa estar pronto para morrer como última conseqüência do uso da força, é mais complexa. Uma interpretação possível seria tomar a disposição para morrer como ponto de partida, e assinalar que a auto-suficiência está para o desinteresse assim como a fé numa existência transcendental está para a audácia. Se a morte é o limiar de uma nova existência – e não a extinção total –, a ameaça da força já não é definitiva, em especial se o indivíduo acredita que morrer é um passaporte para o paraíso, como no *shiah* islâmico ou nas Cruzadas cristãs. Em conseqüência, proclamar uma fé transcendental torna-se um modo de dar verossimilhança ao consentimento de um indivíduo em levar o *satyagraha* às suas últimas conseqüências. O que, por sua vez, acrescenta credibilidade a formas mais elevadas do próprio *satyagraha* (como o jejum ou deitar-se diante de veículos). Desse modo, para que a força violenta possa *dissuadir*, o medo deve estar presente e, de maneira similar, para que ela seja *dissuadida*, a audácia deve ser tornada verossímil.

Há outros caminhos para a audácia, além da fé numa existência transcendental? Para responder, precisamos pensar em outros termos que não a diferença entre o mundano e o transcendente – por exemplo, na distinção entre um *eu* pessoal e um *eu* transpessoal. O primeiro "pertence" à pessoa e pode-se mesmo dizer que está nela. Tem a capacidade de expandir-se e crescer por meio da autopurificação e da auto-realização. *Ao fazer isso, ele pode alcançar uma união sempre crescente com o ego transpessoal: a Unidade-do-Homem.* Pode-se interpretar esse eu transpessoal de várias maneiras, segundo a fé ou a linguagem mediante a qual a fé de uma pessoa é expressa.

A visão do eu como transpessoal poderia ser explicada em termos de salvação, de tornar-se semelhante a Deus, de "ir para o céu", de nirvana ou qualquer outra linguagem com conotações transpessoais. Mas ela também pode ser entendida em termos de sacrifício por uma causa, de assegurar uma vida após a morte pela contribuição à família, à sociedade, ao ser humano. Ou obras em benefício do mundo visto como uma sociedade de indivíduos. O denominador comum é o *esforço*, o empenho para essa união ou imersão. É necessário *sacrifício*, não em qualquer sentido masoquista do sofrimento como um fim, mas como uma necessidade instrumental. Ninguém é um completo perdedor em seu empenho de auto-realização segundo a sua própria inclinação; nem tampouco é totalmente vitorioso. É necessária uma concentração intensa, um exercício, para a conquista do que há de mais elevado numa pessoa.

Quanto mais alto for o nível de unificação dos eus pessoal e transpessoal, mais elevado será o nível de realização e mais baixo o medo da morte. O ateísmo do ateu pode ser um instrumento dessa realização, tanto quanto o monoteísmo do monoteísta ou o panteísmo do panteísta. O nível de auto-realização e autopurificação só será baixo se houver medo – medo de deixar uma vida não-realizada, uma vida de promessas não cumpridas. A fé num eu transpessoal – seja o do ser, o da nação ou o do grupo de crentes – oferece uma vida após a morte.

Ao mesmo tempo, ela mostra a pista para o terceiro componente do poder – a identidade. Aqui não há rejeição de identidade: ela é apenas tornada universal em vez de parcial. O eu se identifica com todas as pessoas, não só com as que dominam ou são dominadas. Em lugar de contribuir para o equilíbrio do poder normativo, de trocar a identificação com o opressor pela identificação com o oprimido, o que há é o cultivo da identificação com ambos, *e uma rejeição de tudo o que expressa, em palavras e obras, essa identidade como anti-humana.* Isso significa que a espécie de identificação prescrita por Gandhi se faz em relação ao transpessoal. Poderíamos chamá-la de identificação transpessoal.

Portanto, se a chave para contrabalançar o poder é o autocontrole ou a autonomia, ele deve ser dividido em três componentes: *audácia, autoconfiança e identificação transpessoal.* Uma expressão que possivelmente engloba as três é "autopurificação" – *brahmacharya.* Essa circunstância põe o *brahmacharya* no contexto da análise do poder e, portanto, no domínio concreto da política; não o vê apenas como forma de levar uma vida livre de impurezas e em harmonia com mandamentos religiosos.

Temos tentado dar a esses três aspectos do poder-sobre-si-mesmo uma interpretação que não vincule a totalidade do conceito a sociedades com uma economia de (baixa) subsistência e cultura transcendental, construídas sobre a própria tolerância de Gandhi e sua ênfase transreligiosa, e à interpretação específica que ele pareceu dar à autoconfiança na vida econômica. O ponto básico é que em Gandhi duas coisas coincidem: o automelhoramento – ou alguma espécie de poder-sobre-si-mesmo – e um novo tipo de poder político, altamente descentralizado e autoconfiante.

Para concluir: Gandhi pretende usar a energia mental da persuasão para alcançar uma sociedade melhor, na qual não haja exploração. O que também significa que os recursos do "poder pela negociação" e do "poder pela força" terão de ser mais equilibrados. Devem tornar-se mais estruturalmente neutralizados, por assim dizer. Portanto, a energia mental será o principal mecanismo de poder: a minha/nossa energia *e* a sua, não *contra* a sua, contrapostas somente para a melhora das pessoas e da sociedade, pois a humanidade está sempre evoluindo. Portanto, o *satyagraha* jamais termina – o que cessa é uma determinada campanha. A sociedade evoluirá para níveis ainda mais altos, à medida que for desenvolvida a força mental sob a forma de poder-sobre-si-mesmo e por meio do poder moral exercido pelo *satyagraha.*

Violência

Quando rejeita a violência, o que Gandhi repudia é uma grande classe de fenômenos. Por exemplo, sua rejeição abrange não só a violência agressiva mas também a que surge em resposta à agressão, ou seja, a de autodefesa. Mas essa dupla rejeição pode ser encontrada em outros pensadores. O mais importante, num certo sentido, é a duplicidade de sua rejeição daquilo que ocorre, digamos, nas favelas, ao lado do que acontece nas batalhas, e sua insistência de que *em ambos os casos há violência*. Noutros termos: ele rejeita com igual ênfase a violência direta – pessoa-a-pessoa – de uma batalha *e* a violência da-estrutura-para-a-pessoa de uma favela. Como pode fazê-lo?

A resposta provavelmente está ligada a seu foco na vítima, no *objeto* da violência e não no *sujeito*, naquele que a comete. Se a violência for considerada uma equação que liga um ator – o agressor – à vítima, só a ação violenta pessoa-a-pessoa, nos planos coletivos e individual, será necessariamente registrada como tal. Uma ênfase complementar no malfeitor conduziria a processos legais, com o objetivo de descobrir se a violência foi ou não intencional, premeditada. Tal descoberta poderia então servir de base moral e legal para a condenação/punição ou para a absolvição.

A perspectiva inteira muda quando a ênfase é posta na vítima. Sob o ponto de vista de uma vítima que está morrendo de fome, a distinção entre a violência embutida na estrutura social e a de uma ação concreta, com ator definido – e a diferença entre violência intencional e não-intencional – se tornam insignificantes. Para uma análise a longo prazo, essas distinções são certamente significativas, mas não nessa situação imediata, existencial.

Ao que parece, Gandhi define como violência qualquer coisa que possa impedir a *auto-realização* individual, não apenas atrasando o progresso de uma pessoa mas também mantendo-o estagnado. Sob essa perspectiva, a violência do malfeitor é violenta também porque leva ao retrocesso. Segundo a doutrina da Unidade-do-Homem, a obstrução à auto-realização impede também a do obstrutor. Trata-se de uma violência auto-infligida e não apenas imposta aos outros.

É interessante assinalar que essa concepção está ligada aos pontos de vista de Gandhi sobre o colonialismo. Para ele, há três estágios no processo colonial, sendo o terceiro o mais perigoso. Em sua primeira etapa o colonialismo simplesmente saqueia, mas essa condição por si só não impede as possibilidades de auto-realização, a menos, é claro, que ameace a sobrevivência humana. O mesmo aplica-se ao próximo estágio, no qual se estabelece o comando militar e político; ele é mau, mas não decisivo. Mas a terceira fase, na qual se institui um ciclo econômico, com exportação de matérias-primas e introdução de bens manufaturados no mercado local a preços baixos, é desastrosa. As bases econômicas da produção local são destruídas, o que faz do colonialismo uma forma extrema de violência. Nessa etapa, o processo colonial se torna um instrumento refinado que irrita os centros nervosos. Afeta a relação do ser humano com ele mesmo, ao interferir em suas relações com as mercadorias que usa. Não se trata apenas do fato de as máquinas se colocarem entre os homens e entre eles e as mercadorias; além disso, o ciclo econômico se estende ao redor do globo. O homem passa de produtor a consumidor, passa a confiar nos outros em vez de acreditar em si mesmo. Em seu terceiro estágio, o colonialismo feroz, com sua exploração e dependência, torna-se mais violento do que nas etapas anteriores, embora aqui possa haver "lei e ordem", em comparação com as lutas das duas fases precedentes.

Exploração é violência; mas é bastante claro que Gandhi a considera mais uma relação estrutural do que um mal intencional, infligido a inocentes por pessoas nocivas. Ao que parece, ele sempre supôs que o explorador não percebia os efeitos de suas ações sobre a parte explorada. Parecia também ser otimista quando se tratava de apelar ao seu senso de razão e compaixão, após tomar conhecimento de tais efeitos.

Sua própria identificação com as massas – que foi ao ponto de compartilhar suas condições de vida e a das vítimas de vários tipos de violência –, deu a Gandhi muitos *insights* para lidar com a violência. Ele supôs (erroneamente) que pessoas que nunca haviam passado por experiências semelhantes se comoveriam de modo parecido quando expostas a condições similares. No entanto, é mais provável que a concepção gandhiana da violência como a antítese da auto-realização – e não o seu profundo conhecimento das condições das bases da sociedade – o tenha feito adotar a abordagem centrada na vítima, rejeitando tanto a violência direta quanto a estrutural.

O cristianismo luterano também tem o que se pode chamar de abordagem orientada para a vítima. O bom cristão é o bom samaritano. Está repleto de compaixão pelo sofrimento da vítima e tenta reduzi-lo. As obras de Deus se contrapõem ao mal, no trabalho humanitário nas favelas e em atividades como as que a Cruz Vermelha desenvolve nos campos de batalha, as obras do Exército da Salvação e de Florence Nightingale. Nada disso deve ser confundido com a rejeição da violência direta ou estrutural. Não parece injusto dizer que o luteranismo perdoa qualquer forma de violência, desde que ela seja legitimamente exercida e tenha a autorização de poderes terrenos. Aqui são cruciais os ensinamentos de Lutero sobre os dois regimes – *die zwei Regimenten* –, e sua distinção entre o que deve ser feito para Deus e o que se deve fazer para César. Com a doutrina da justiça social, o Papa João XXIII recusa tais pressupostos, embora a prática possa retardá-los. Quando Cristo diz *não resista ao mal*, Gandhi diz *resista ao mal, mas com a força da alma.*

O pensamento político ocidental foi mais longe que Lutero em sua rejeição à violência direta. Desenvolveu-se um quadro bem elaborado de referência institucional no plano doméstico – mas crescentemente também no global –, destinado a dissuadir e punir os perpetradores da violência direta, ofensiva. Em outras palavras, a atitude parece ser a de que nenhuma autoridade, por mais legítima que seja, tem o direito de *iniciar* esse tipo de violência; só é legítima a violência de autodefesa. Essa doutrina não é capaz de refletir sobre como a violência pode ser construída e congelada no interior de uma estrutura social, de modo a que atos de violência direta contra a violência estrutural possam ser vistos como uma autodefesa. Nesse sentido, ela se orienta para o *status quo* e é "direitista". Sua cosmologia social se centra nos atores, com base na idéia simplista de que o mal pode ser rastreado identificando-se as más ações perpetradas por maus atores.

Comparemos essa posição com a visão "esquerdista", centrada na estrutura, que rejeita a violência estrutural mas perdoa a violência direta quando usada como autodefesa contra a estrutural; em outras palavras, sob a forma de violência revolucionária. No entanto, a violência contra-revolucionária não é legítima; deve ser neutralizada, porque serve para manter a violência estrutural.

Esses pontos de vista podem ser assim resumidos:

Tabela 5. Atitudes em relação às violências direta e estrutural

Violência Direta

Violência Estrutural		Perdoada	Rejeitada
	Perdoada	Luteranismo "Compaixão com as vítimas"	"Direitismo" "Lei e ordem"
	Rejeitada	"Esquerdismo" "Revolução"	Gandhismo

Gandhi se destaca como um dos pouquíssimos líderes cujo pensamento e prática de *karmayogi* rejeita tanto a violência direta quanto a estrutural, seja para finalidades ofensivas ou defensivas. Mas também compartilha com o luteranismo a compaixão pelas vítimas, como indica a sua participação em projetos em favelas, e também nas atividades da Cruz Vermelha. Em outros termos, ele não tolera o sofrimento de hoje; não fica à espera de que ocorram mudanças estruturais amanhã, no próximo ano ou no próximo século.

Essa dupla rejeição também o põe numa posição eclética quando se trata de cosmologia social. Em sua perspectiva das questões humanas, ele parece ser tanto orientado para o ator quanto para a estrutura. Isso quer dizer que os obstáculos à auto-realização, isto é, a violência, são vistos em parte como resultado de ordens sociais injustas e em parte como conseqüências de atos voluntários. A violência pode ser anulada por mudanças estruturais e/ou apelos a certos atores; uma abordagem não exclui a outra.

Gandhi é freqüentemente citado como tendo dito que num conflito é preferível morrer do que matar. Sua não-violência é muitas vezes interpretada de modo limitado, como uma injunção para não apenas dar a outra face mas também o corpo inteiro, e receber o golpe mortal em vez de retaliar em espécie. Não há nada de errado nessa interpretação, mas ela é perigosamente incompleta. Em lugar da visão simétrica de um indivíduo e de seu antagonista, no gandhismo a perspectiva é de continuidade. A fronteira empírica entre o meu corpo e o dele é pouco importante em relação à continuidade espiritual subjacente. Tenho o dever de preservar meu antagonista, mas não o de manter uma estrutura social forjada por meio da violência estrutural, que insere cunhas entre ele e mim. Preservá-la seria participar dessa violência; não lutar contra ela seria perpetuá-la e juntar-se ao mal.

Por essa razão, é coerente com o gandhismo recusar-se a participar de tais estruturas. Negar-se, por exemplo, a comprar têxteis estrangeiros – não para forçar, coagir os comerciantes estrangeiros ou domésticos à falência, mas para abrir o caminho para uma autonomia baseada na produção de têxteis próprios. Juntar-se a um programa de boicote econômico desse tipo, sem ao mesmo tempo aderir a um "trabalho construtivo" – como o famoso *charka*, a roca de fiar –, não é só uma tática inadequada ou errônea: é também uma atitude sem sentido, do ponto de vista do *satyagraha*. As duas estão unidas como as faces de uma moeda.

Essa postura cria um problema: como pode um indivíduo ganhar autonomia em relação a comerciantes estrangeiros sem prejudicá-los? Eis um exemplo típico de como o *satyagraha* põe questões muito diferentes das que o planejador de uma campanha militar (ao contrário de uma ação policial) tem de considerar. Ou, para tomar outro exemplo: como é possível negar aos soldados o que eles necessitam sem prejudicá-los? Tais problemas se dissolvem tão logo se aprende a vê-los com olhos gandhianos em vez de ocidentais.

Segundo Gandhi, um indivíduo tem responsabilidades em relação a seu antagonista. Assim, seria perfeitamente compatível com um boicote econômico 100% eficaz coletar fundos para distribuir aos comerciantes privados de seus negócios, para que eles satisfizessem as suas necessidades humanas básicas. O propósito é atingir esse tipo de comércio – pois ele se põe no caminho da produção própria e da auto-realização – sem prejudicar os comerciantes e negar-lhes o direito de se auto-realizar. Tudo isso deve ser feito sem humilhá-los com a distribuição pomposa de meios de subsistência, após o devido esmagamento de seus negócios. Acima de tudo, não se devem poupar esforços no sentido de tentar persuadi-los de que estão abusando de sua condição de depositários, e convidá-los a participar de outras estruturas de produção. Deve-se ser otimista ao agir assim – afinal de contas, eles podem ser comerciantes consideravelmente hábeis.

Segundo Gandhi, ser não-violento é uma proteção contra a violência em mais de um sentido. O antagonista é protegido pelos meios acima descritos. Mas há também autoproteção, pela redução do perigo da escalada e pelo não-fornecimento à parte violenta de um parceiro adequado ao desempenho de seu papel, frustrando assim as suas expectativas. Contudo, Gandhi parece ter algo mais fundamental em mente. Sua não-violência produz invulnerabilidade, no sentido de que *mesmo* que se exerça a violência ela não atingiria, danificaria, feriria quem é não-violento. Noutros termos, Gandhi postula que a pessoa não-violenta desenvolve algum tipo de armadura contra a violência. Ele sabia perfeitamente que sua não-violência não deteria as balas assassinas, embora ela possa ter impedido um número jamais revelado de mãos de disparar o tiro mortal, nos 55 anos (1893-1948) anteriores ao evento fatal nos jardins de Birla. Gandhi se refere a outra espécie de armadura, e o esforço para entender esse ponto pode acrescentar mais *insights* ao seu conceito de violência.

Se a violência é um obstáculo evitável à auto-realização, seu nível numa determinada ação não depende só do ator, mas também do objeto, da "vítima". A violência física pode ferir o corpo, chegar até ao ponto de matá-lo, mas preservar a integridade corporal não é o mesmo que autorealização. Se esta tem a ver com ser uno com a humanidade, essa unidade se estende também ao malfeitor. Se ele se entregar à violência verbal, por meio de insultos dirigidos a uma pessoa não-violenta, tais injúrias não serão sentidas, por causa da força interna dessa pessoa. Se ele usar violência física não suscitará ódio, embora o corpo de sua vítima possa ser lesado.

Só pessoas alheias à não-violência podem relacionar-se com outras de tal modo que atos assim se transformem em insultos. Isso se deve à sua insegurança. Essa circunstância também pode ser revertida: ser exposto à violência física ou verbal serve até mesmo como desafio, como exercício para o desenvolvimento da não-violência, até que o indivíduo se torne verdadeiramente não-violento e assim nunca se sinta insultado. Dito de outro modo: a pessoa não-violenta não inflige traumas aos outros e se recusa a ser traumatizada. Sob condições de violência, os traumas são enviados e recebidos em todas as direções – com conseqüências negativas duradouras para todas as partes implicadas. Ser forte é também ser invulnerável nesse sentido mais profundo.

Luta

Gandhi agiu, lutou e teve participação política, o que é outra forma de dizer que participou de conflitos de interesses e valores. Seu modelo de luta, o *satyagraha*, é hoje bem conhecido. Examinemos suas forças e fraquezas à luz de premissas teóricas, resumindo e aprofundando o que ele disse.

Os elementos essenciais do *satyagraha* se originam de modo mais ou menos direto do que já foi dito. Mas a premissa fundamental (que num certo sentido é também uma fraqueza e uma limitação da experiência gandhiana) é que o conflito é vertical, e também que a experiência de Gandhi com a violência estrutural deriva principalmente de conflitos como o colonialismo e a questão das castas. Ela foi menor no caso de embates súbitos entre atores igualmente autônomos que usaram a violência direta uns contra os outros, como ocorreu nas guerras entre Estados. É claro que esse fator existia também nas lutas comunitárias. Ainda assim, o padrão predominante da ação gandhiana se adaptou mais aos conflitos estruturais. Portanto, sua abordagem à guerra consiste em construir sociedades menos beligerantes, como aconteceu quando os pacifistas suecos se recusaram a apoiar os círculos militares de seu país, em seus esforços para manter a Noruega ligada à Suécia pela força em 1905.

No conflito de interesses entre uma parte dominante e outra dominada, o programa de Gandhi acaba sendo *uma revolução não-violenta*. É um processo revolucionário, porque implica mudanças estruturais rápidas e fundamentais. É preciso abolir a exploração que afeta as necessidades humanas básicas, e isso deve ser feito com rapidez, dada a urgência, a extensão e a profundidade do sofrimento das pessoas. No conceito gandhiano de revolução não há espaço para a violência direta, seja como critério lógico, seja como necessidade baseada na experiência – e nem mesmo como um correlato empírico. Entretanto, como sabemos, o *satyagraha* é muito mais que a simples abstenção do uso da violência.

O conceito gandhiano de mudança era uma transformação estrutural, não a redistribuição ou a mobilidade dos atores dentro da mesma estrutura. O tipo de "revolução" que expulsaria os velhos atores e os substituiria por novos – mantendo intacta a estrutura – não era o seu, mesmo que os novos atores fossem içados de áreas menos favorecidas. Em lugar de expelir os atores, matando-os, afastando-os ou banindo-os – mas conservando a estrutura –, ele a destruiria e os manteria, convidando-os a juntar-se à construção de uma estrutura nova. Tudo isso deriva de seu ponto de vista básico sobre o que significam os conflitos.

Para chegar a tanto, é necessária uma abordagem tripartite: a) mobilização das massas exploradas até conseguir organização e conscientização; b) apelos aos que estão no papel de exploradores, para que deixem suas posições e se juntem à busca de novas estruturas; c) e, se nada disso funcionar, a *não-cooperação*. No entanto, esta é diferente da greve. Não é uma arma como qualquer outra a ser usada contra o adversário, mas sim um direito – e acima de tudo um dever – das pessoas que vivem em estruturas disfuncionais.

Se a estrutura maléfica não for paralisada começando por cima, deve sê-lo principiando por baixo. Qualquer um que, depois de ter tomado consciência da situação, continue desempenhando um papel definido numa estrutura violenta (o que Gandhi chama de "cooperação"), estará exercendo a violência, pois permite a manutenção dessa estrutura. A doutrina da separação Estado-pessoa serve para absolver o malfeitor. *Mas serve também para fazer com que a "vítima" cumpra o seu dever de transformar a estrutura.* Há nisso uma rejeição do princípio de que só quem pratica o mal precisa corrigi-lo, e de que só os detentores do poder devem transformar as estruturas. Apela-se à responsabilidade compartilhada, como foi realçado no caso do nazismo.

Em conseqüência, o dever da não-cooperação não é uma ação dirigida contra os atores que comandam a estrutura. A intenção não é fazê-los sofrer. A luta deve ser conduzida de tal maneira que a estrutura seja paralisada. Entretanto, se os atores que estão no topo forem prejudicados, devem ser ajudados, mesmo que seja às expensas de suas "vítimas". Usemos de novo o exemplo do boicote econômico a mercadorias estrangeiras. O objetivo não é causar desemprego, falências, etc., entre produtores e comerciantes, levando-os a perdas inaceitáveis de modo a que eles prefiram render-se às exigências do *satyagraha*. Isso seria *coerção*. O propósito é modificar a estrutura e *converter* esses atores, convidando-os a participar de uma nova estrutura. Trata-se de destruir um arcabouço de exploração e libertar dele tanto os exploradores quanto os explorados. Estes precisam ser libertados do seu sofrimento para que possam ganhar auto-respeito, o que constitui a essência do conceito gandhiano de crescimento pessoal. Os exploradores devem ser libertados de sua dependência dos outros e do medo constante de perder o controle. Precisam aprender a preocupar-se menos com o poder-sobre-os-outros e a atentar mais para o desenvolvimento do poder-sobre-si-próprios.

Nenhuma espécie de não-cooperação destinada a destruir a dependência de outros terá sentido, a menos que seja iniciado de imediato um esforço de aumento da autoconfiança; são dois lados da mesma moeda. Boicotar tecidos estrangeiros é apenas parte de um processo cuja finalidade é a produção doméstica. O trabalho realizado – no caso, com a roca de fiar e os teares – é parte indispensável da luta. É também uma forma de mostrar ao explorador, por meio de atos, em vez de palavras, como deverá ser a estrutura no futuro. Se essa mensagem chegará enquanto a luta estiver em curso, ou se os vários mecanismos conflituosos impedirão que as partes cooperem ativamente na construção da estrutura emergente, é outra questão. O ponto essencial é convidar os (antigos) exploradores a juntar-se a essa nova composição, embora no calor do conflito eles prefiram não fazer isso.

A doutrina da separação estrutura-pessoa tem outra implicação igualmente importante. Não cooperar com o estabelecido significa inevitavelmente o não-cumprimento de obrigações legais, ou mesmo o abandono de uma ou várias condições legais. Fazer isso implica inevitavelmente não cooperar com o adversário e, portanto, com sua condição de mantenedor do *status quo*. Entretanto, não cooperar com o Príncipe de Gales não quer dizer fugir do contato com a *pessoa* que detém esse *status*. Tal distinção deve ser feita com muito cuidado: entre a não-cooperação com a estrutura social e a cooperação com a Unidade-do-Homem – plano profundo ao qual todos pertencemos –, não importa o nível de percepção de cada um. Numa teoria/práxis de lutas e conflitos centrada nos atores – e que requeira esforços para conseguir a libertação pela incapacitação dos exploradores –, tal distinção não pode ser estabelecida na prática. No *satyagraha* ela é essencial.

Mas, pode ela realmente ser praticada nessa situação? É tão óbvio assim que ações destrutivas sejam uma base menos adequada ao contato pessoa-a-pessoa do que atos de não-cooperação? Aqui pode haver uma suposição implícita – a de que, para os exploradores, seus corpos e propriedades são de algum modo mais preciosos do que a estrutura exploradora que eles comandam. O que acarreta que a privação de tal estrutura não será tão prejudicial ao contato interpessoal. Gandhi pode ter exagerado sobre a capacidade da separação estrutura-pessoa dos outros, e sobre até que ponto a estrutura da Unidade-do-Homem pode prevalecer. É possível que ele tenha subestimado o quão cara ao explorador é a exploração – cada fragmento dela –, não só por causa de interesses investidos, mas também como prática ideológica.

Nesse campo, a principal chave para o pensamento gandhiano é provavelmente a doutrina do sofrimento. Durante uma campanha de não-cooperação, a comunicação *pessoa-a-pessoa* não é primariamente um diálogo verbal, modelado de acordo com as normas das salas de negociação e com o Livro de Normas Robert Brook, embora isso possa também ser um elemento. O *trabalho construtivo* é um outro meio de comunicação, que faz com que a totalidade da luta *revele as metas*, de modo a que o adversário possa perceber que não há nenhuma ameaça fundamental à sua pessoa na definição dos objetivos. O que há então é sofrimento, seja o já embutido na estrutura exploradora pela violência estrutural, seja o infligido aos explorados por atos repressivos de violência direta. Supõe-se que esse duplo sofrimento "agite as consciências indolentes". Ao demonstrar – pela ação – que o segundo tipo de padecimento é preferível à continuidade da estrutura causadora da primeira espécie de sofrimento, o *satyagraha* espera despertar as consciências do outro lado e mostrar-lhes as implicações da cooperação com a sua estrutura. Se a propaganda e os fatos forem suficientes para levar o adversário a um nível mais alto de consciência em relação a essa estrutura, tais etapas serão desnecessárias. Entretanto, se os degraus mais baixos da escada forem insuficientes, os mais altos terão de ser usados. Mais uma vez, deve-se destacar que essa atitude não é tomada apenas para ajudar o grupo do *satyagraha* a "ganhar", enfraquecendo o adversário com apelos dramáticos à sua consciência para que ele acabe cedendo. Significa também libertar os exploradores de sua percepção insuficiente.

Vista do ângulo dos explorados, a luta é em parte causa e em parte efeito do aumento do poder-sobre-si-mesmo. Há três ingredientes nesse tipo de poder: audácia, autoconfiança e identificação com todos. A não-cooperação é acima de tudo projetada para produzir a segunda condição, pela deflagração de um processo que faz com que as pessoas se afastem da dependência e se aproximem da autoconfiança: o *swadeshi*. A luta deve ser precedida por um forte sentimento de Unidade-do-Homem, pelo menos para que algo dele sobreviva à escalada do conflito. Mas a audácia não pode ser construída, a menos que haja algo a temer. Na calma anterior à luta, ela pode ser cultivada em teoria mas não na prática. E aqui é importante a semelhança com o combate violento.

Em situações de baixo nível de violência, a primeira pedra que atravessar o vidro de uma janela acaba com o medo que evitava que ela fosse atirada. É como se alguém dissesse: "Ela faz desaparecer o burguês que há em mim". De modo semelhante, o primeiro ato de não-cooperação elimina o medo do indivíduo que nunca havia feito isso antes. Sua capacidade de sofrer as conseqüências é então fortalecida por todos os elementos de audácia de que ele dispõe. Todavia, para que a audácia cresça ela provavelmente terá de fazê-lo devagar, alimentando-se de quantidades lentas e progressivas de violência repressora. Portanto, a morosidade do *satyagraha* – bem como do contra-*satyagraha* – pode ser essencial, não apenas para proporcionar ao adversário o tempo suficiente para "converter-se", mas também para dar ao grupo *satyagraha* bastante tempo para que ele desenvolva audácia, autoconfiança e identidade.

Se considerarmos agora o conflito direto, o quadro será diferente, menos rico em detalhes. Acima de tudo, nesse tipo de conflito "horizontal" as lealdades dos *satyagrahis* já não são óbvias. Seu propósito é lutar contra a injustiça e a violência, onde quer que ela esteja e seja como for que se manifeste. No caso do conflito congelado que é a violência estrutural, as ações dos *satyagrahis* são dirigidas contra a estrutura, o que geralmente faz com que ele lute do lado das vítimas, pelo menos enquanto elas enfrentarem a estrutura. Quando o conflito direto se dá contra o início de uma estrutura de dominação, o padrão de lealdade torna-se claro. O que acontece, porém, quando o motivo da desavença é um pedaço de terra ou outro bem escasso, sem nenhuma implicação imediata em termos de estrutura social?

Parece que nesse caso o *satyagrahi* não se torna uma primeira ou segunda parte do conflito, mas sim uma terceira, colocando-se até mesmo fisicamente entre os dois antagonistas. Esse modelo não costuma ser rejeitado.

Nele o *satyagrahi* se torna uma ponte viva, chegando ao ponto de sacrificar a si próprio em nome da prevenção da violência entre grupos. Transforma-se numa corporificação da doutrina da Unidade-do-Homem, agindo simetricamente entre os adversários.

Existe um importante conjunto de normas, ao qual chamaremos de *normas de proximidade*, que adquire grande significação quando visto a essa luz. Tais regras podem ser consideradas injunções para atuar em conflitos, para agir *agora, aqui* e com base em *sua própria posição na estrutura social*. Elas podem ser interpretadas de duas maneiras – positiva e negativa – e ambas merecem exame.

Vistas positivamente, a idéia básica é *agir*. Há sempre violência estrutural a eliminar e violência direta a prevenir – e essas circunstâncias requerem ação. A passividade é imoral. Porém, se consideradas negativamente, essas normas não se limitam a eliminar a passividade.

Negar o "agora" não é apenas recusar o "nunca", mas descartar também o "mais tarde". Em outras palavras, a idéia não é esperar até que as condições estejam "amadurecidas", até que chegue o momento político oportuno ou coisa parecida. A coisa certa a fazer é também o correto a ser feito *agora* e *aqui*, pois a negação do "aqui" não significa apenas "em lugar algum", mas também "em qualquer outra parte". Cada ser humano está situado no espaço e no tempo, e é aí que devemos agir, não em qualquer outro lugar do *continuum* espaço-tempo.

Por que não deixar para agir em qualquer outra parte? Porque ao fazer isso – não importa o quão séria e sincera seja a motivação –, reduzem-se as nossas possibilidades de participar de modo não-violento no conflito. Permitimos então que outros participem em nosso nome. "Você tem um belo problema, deixe-me resolvê-lo para você", eis a idéia a evitar. Essa é também a razão pela qual Gandhi é contra a participação delegada: mesmo que você aja aqui e agora, se o fizer em nome de outros atuará de modo a diminuir-lhes a autonomia. Os oprimidos e espezinhados devem levantar-se em seus próprios pés contra as condições que os tiranizam e subjugam. Ninguém mais pode libertá-los e criar uma nova ordem social. É o velho problema da divisão do trabalho: a participação num conflito leva a um enriquecimento não apenas dos forasteiros, mas daqueles que vivem num determinado sistema social.

Há uma exceção, no entanto. Os forasteiros podem tornar-se membros do grupo, compartilhando a condição das vítimas da violência estrutural e juntando-se aos demais em sua luta. Na opinião de Gandhi, isso não é feito para ganhar a simpatia e a confiança dos espezinhados; nem o respeito dos opressores; nem para adquirir um grau de invulnerabilidade que faça com que os opressores não toquem em ninguém de sua própria classe, quando transformado em "homem ou mulher do povo".

Tais especulações psicológicas e sociológicas seriam estranhas ao pensamento gandhiano, embora fosse um tanto estranho que o ser humano Gandhi não tivesse às vezes pensado em tais hipóteses. O que para ele parece essencial é algo bastante diferente: só pelo total compartilhamento das condições reais é possível compreender – não intelectualmente, mas pela experiência cotidiana – a realidade dos que estão na base da sociedade. Se assim é, por que não compartilhar de vez em quando as condições dos opressores, para entender a sua visão do mundo real? É razoável supor que uma vida em condições de pobreza possa tornar-se mais facilmente uma vida autônoma. As duas têm em comum a simplicidade. O opressor é, portanto, mais dependente que o oprimido, a despeito (ou por causa) de seu poder e riqueza.

Há poucas dúvidas de que as normas de proximidade sejam uma antecipação da sociedade ideal, e também sobre como, segundo a filosofia gandhiana meio-fim, elas possam ajudar a chegar a tal sociedade. Assim, num mundo futuro composto de unidades descentralizadas essencialmente semelhantes, pequenas, relativamente estáveis e socialmente simples, as normas de proximidade poderiam ser resumidas numa regra muito clara: *aja!* Nesse mundo de relativa estabilidade, *agora* se pareceria mais com *mais tarde*. *Aqui* seria mais semelhante a *em qualquer outro lugar*.

Num mundo assim, agir seria como agir *em nome de todos*, porque num mundo de igualdade e semelhança todos levariam vidas relativamente parecidas. Mas ainda não estamos lá. Daí a importância desse conjunto de normas para a sociedade que conhecemos. Deve-se notar que essa idéia é similar à da jurisprudência de que só as pessoas afetadas por um problema têm "postura" e podem levantar uma questão legal, para que não se forme uma classe de litigantes profissionais.

Gandhi é freqüentemente citado como tendo dito que os meios não podem ser separados dos fins. Essa afirmativa pode ser interpretada não só como querendo dizer que uma pessoa deve renunciar aos meios "maus", mas talvez também aos meios "neutros", e utilizar os "bons". O ponto central não parece consistir em realçar o valor ético dos meios, e achar que bons fins não justificam nem santificam os maus meios. Em vez disso, Gandhi rejeita a distinção entre meios e fins. Em outras palavras, os meios não só devem levar a bons fins, mas pelo menos devem ter a intenção de conduzir a eles. Devem corporificar os fins. Se você deseja um certo estado de coisas, comece então a praticá-lo *aqui* e *agora*. Meios e fins são uma coisa só: estendem-se no tempo e não estão separados em dois segmentos temporais.

Essa posição pode ser interpretada como um tipo especial de filosofia meios-fins, como uma doutrina empírica que mostra que se atinge melhor os fins utilizando esse método especial, que os torna claros. Aprofundaremos essa interpretação mais tarde. Por enquanto, é preciso notar que ela pode ser enganadora, pois ainda está onerada por uma concepção de duas fases: um estágio-meio e um estado-fim; com a importante diferença de que há uma pressão muito forte em relação à escolha dos meios. Eles têm de corporificar ao máximo a meta. Cuide dos meios, que os fins cuidarão de si próprios.

Contudo, seria mais correto dizer que Gandhi deixa pouco espaço para a escolha de meios. Ele pode aceitar que é preciso experimentar para encontrar o verdadeiro caminho, mas isso deve ser feito porque tal caminho é correto em si mesmo e não porque é correto como meio. Em outros termos, as normas que ele preconiza parecem ter um componente "heterotélico" muito baixo ou nulo; não há instrumentos, mas sim metas ("autotélicas") de direito próprio. Repetindo: mesmo que a prática de uma meta atual não conduza depois a essa mesma meta – igual ou pacificada –, ainda assim Gandhi aconselharia essa prática, porque ela é correta em si mesma. A vantagem é óbvia: a meta já foi vivida, embora só por poucos e por um tempo limitado. Com meios violentos pode-se também falhar, mas nesse caso até a primeira fase seria incorreta.

Coerção

A doutrina gandhiana da coerção é complexa mas crucial. Com muita freqüência, ele se pronunciou em favor da conversão em lugar dela. O que significa isso, em termos de ações concretas?

Como de costume, imaginemos um conflito entre duas partes: um grupo *satyagraha* (S) e um adversário ou antagonista (A). Imaginemos também que o conflito chegou a um ponto de *confrontação*, no qual A tem de escolher entre a ação que S quer que ele desenvolva – uma ação que podemos chamar de A_S – e um certo número de outras possibilidades: $A_1 \ldots A_{S-1}$. Do lado oposto, imaginemos que S tem duas possibilidades de ação: não-cooperação (NC) e cooperação (C). A estrutura do confronto é a seguinte:

Tabela 6. A estrutura da coerção

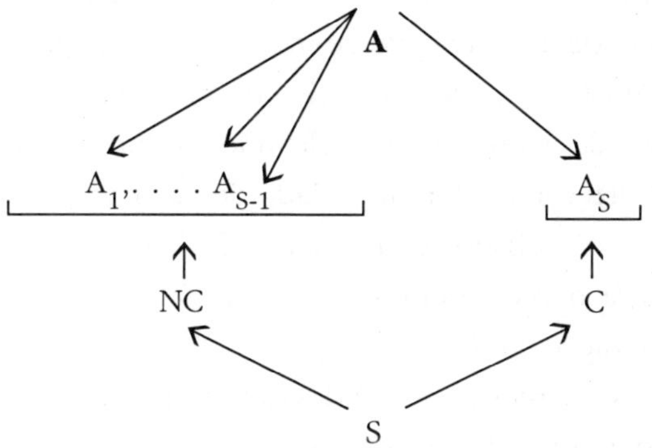

Essa disposição quer dizer simplesmente o seguinte: S comunicou a A que cooperará se (e somente se) A executar a ação A_S. Em qualquer outro caso, o resultado será a não-cooperação. Para A, entretanto, executar a ação A_S equivale à capitulação.

Até agora não existe coerção, mas simplesmente uma estruturação de ações e reações num diálogo de ação. Mas pode haver coerção, se forem satisfeitas as seguintes condições:

(1) Se S se empenhar em NC, a desvantagem de A é maior do que ter de executar a ação A_S.

(2) *Tertium non datur* – não há uma terceira escolha para A, caso faça o que querem os grupos *satyagraha*, ou se a não-cooperação for aplicada contra ele.

Em essência, isso significa que para A a escolha está entre a capitulação e a não-cooperação. Uma escolha muito limitada, é claro.

Comparemos tudo isso com a coerção violenta: ou você faz o que dissermos (A_S), ou lhe causaremos danos inaceitáveis (para A)! A coerção violenta pode ser eficaz para conseguir a capitulação se o grupo violento não só for *capaz* de infligir danos, mas também se for verossímil que ele possa causá-los. A diferença entre a coerção violenta e a não-violenta é "apenas" que nesta última S não infligirá danos a A, mas se juntará às ações de A de tal maneira que sejam causados danos a S, sendo A o malfeitor.

Para chegar a esta última condição, S tem duas alternativas: 1) ou se coloca irrevogavelmente à mercê de A (acorrentando-se aos trilhos quando o trem se aproxima e jogando a chave de modo que o maquinista perceba); 2) ou, além disso, mostrar a A um nível de comprometimento (invocando, por exemplo, fidelidade a valores mais elevados, transcendentais) tão alto que A já não possa dizer que S tem liberdade de escolha. Em qualquer dos casos, seja qual for a ação observada na gama A_1,.... A_{S-1}, A se empenha em impedir uma resposta não-cooperativa de S, de tal modo que resulte em considerável sofrimento para S.

É óbvio que essa circunstância é desvantajosa para S. Mas daí não se segue necessariamente que ela seja desvantajosa também para A. Três mecanismos simples podem transformá-la numa desvantagem para A:

(1) Conduzir ações que causem sofrimento direto ou indireto a S é intrinsecamente repulsivo para A;
(2) O sofrimento de S se tornará visível para terceiros, que se voltarão contra A (a "opinião pública");
(3) A longo prazo, pode ser impossível para S – ou para o grupo do qual ele é recrutado – abster-se da violência. Nesse caso, existiria ameaça de coerção violenta.

Para que essa seja uma situação de coerção, A tem de perceber a desvantagem que poderia resultar para ele desses três fatores, isolados ou em combinação, como elementos que superam de um modo ou de outro a desvantagem de A_S. É claro que é fácil imaginar combinações de A_S e formas de não-cooperação que possam satisfazer a essa equação.

Na realidade, poderíamos também imaginar um *continuum* entre coerções violentas e não-violentas, a depender de se os danos diretos infligidos afetam apenas A, a ambos ou somente a S. Como exemplo, podemos lembrar a recusa à compra de uma determinada mercadoria ou serviço, como têxteis ou viagens de ônibus, o que pode ser feito de duas maneiras. Podemos recusar-nos a comprar de um vendedor e comprar de outro, causando assim danos não a nós mesmos mas ao primeiro vendedor. Podemos negar-nos a comprar de qualquer vendedor, pondo ambos em desvantagem. Por fim, podemos nos recusar a comprar sem procurar bens substitutos. Ao mesmo tempo, podemos até mesmo ajudar o vendedor, buscando clientes substitutos para ele ou sustentando-o de outras formas. Nesse *continuum*, o *satyagraha* está localizado na ponta não-violenta, e os danos só devem ser infligidos ao nosso próprio grupo. Existe uma responsabilidade em relação ao antagonista, que vai ao ponto de ajudá-lo a superar os possíveis efeitos adversos da nossa não-cooperação.

Mas nada disso é em si suficiente para evitar a *coerção* não-violenta. Se usarmos a definição de coerção acima proposta, parece haver duas precauções a serem tomadas para evitá-la:

(1) Diminuir o limiar da ameaça, deixando claro que haverá sofrimento para S se A não desempenhar a ação A_S, mas não tanto que um antagonista com um nível razoável de sensibilidade deva considerá-lo pior que a capitulação;
(2) Introduzir uma terceira linha de ação para A, em acréscimo a A_S, de um lado, e a A_1, A_2...A_{S-1} do outro.

Para avaliar essas duas alternativas, é necessário ter alguma idéia não só *do que* é rejeitado quando se exclui a coerção, mas também de *por que* essa rejeição é necessária. Como foi mencionado antes, a advertência de Gandhi é freqüentemente expressa nos termos do par "coerção *versus* conversão". Nesse caso, converter ou ser convertido parecem ser as duas principais implicações. *Primeiro*, a conversão tem de ser um ato de livre vontade. Com isso queremos dizer que há uma alternativa aceitável à ação escolhida, de modo que esta tenha a possibilidade de ser o que os psicólogos poderiam chamar de "internalizada". Uma opção de ação que resulte da coerção não "cola": será adiada e A voltará às suas intenções originais tão logo as condições coercitivas não mais prevaleçam. Uma escolha de ação à qual se chegue como resultado de uma conversão pode permanecer, porque resultou de livre escolha, não de uma imposição.

Entretanto, esse modelo pressupõe que o grupo *satyagraha* esteja certo ao definir o que é ação correta, e que essa premissa orgulhosa não seja aceitável sob a perspectiva geral do próprio *satyagraha*. Portanto, um *segundo* tipo de argumentação seria dizer que a ação empreendida sob condições de coerção *não* fundamenta um diálogo continuado de ação. Em tal conversa, os dois grupos chegariam a uma terceira alternativa e, portanto, talvez pudessem lançar as bases de níveis mais altos de auto-realização para os membros de qualquer dos grupos. A coerção é incompatível com o ponto de vista amplo de que o conflito é uma matéria-prima a ser usada para o crescimento pessoal e social.

Assim, uma forma de reduzir o componente de coerção num *satyagraha* é *baixar o limiar da ameaça*, de tal maneira que o sofrimento de S possa parecer ao adversário como o mal menor. Entretanto, essa linha de ação é problemática, pois pressupõe que o antagonista tenha um alto nível de insensibilidade, ou imagina que o conflito ocorra sempre em relação a questões não-essenciais, conduzindo apenas aos degraus mais baixos da escada do *satyagraha*. Mas um *satyagrahi*, tal como concebido por Gandhi, não deve pretender comprometer-se apenas em relação ao que é essencial: deve também estar disposto a expor-se a sofrimentos extremos – que podem levar à morte –, se estiverem em jogo questões essenciais.

Portanto, é freqüentemente necessário examinar a possibilidade de *introduzir uma terceira alternativa*. O antagonista jamais deve ser encurralado com duas escolhas igualmente inaceitáveis: o sofrimento de S ou a rendição de S. Precisa sempre ter uma terceira saída. Com referência ao diagrama, haveria uma de duas possibilidades. O grupo *satyagraha* poderia observar mais de perto o conjunto de ações $A_1 \ldots A_{S-1}$, e decidir que nem todas elas devem deflagrar totalmente a não-cooperação. Poderia graduá-las, e considerar algumas delas neutras ou pelo menos vê-las como posições de apoio. Haveria então a possibilidade de expandir o espaço de ação pela introdução de uma nova possibilidade – A_{S-1} –, que transcenderia o esquema original.

Uma possibilidade é declarar que o confronto conduziu a um beco sem saída, e assim adiar mais iniciativas até que as possibilidades sejam melhor examinadas. Essa atitude pode levar a um prolongamento interminável do processo conflituoso e não, em geral, a uma saída criativa.

Outra possibilidade seria examinar a situação de um modo mais detalhado, para verificar se há alternativas que tenham sido ignoradas e que possam abrir novas dimensões. Assim, imaginemos um conflito sobre a possível construção de uma usina hidroelétrica que poderia causar poluição, ou pelo menos algum tipo de dano ao meio ambiente. Autoridades e construtores se contrapõem aos amantes da natureza. "Cavar ou não cavar", torna-se a questão. "Cavar" deflagra uma cadeia de eventos que termina em algum tipo de sofrimento para o grupo *satyagraha* que bloqueou o acesso à construção; "não cavar" equivale à capitulação.

O que, então, poderia significar a introdução da idéia de uma usina de energia alternativa, em oposição a possibilidades mais brandas de adiamento? Num certo sentido, não se trata de uma terceira linha de ação, pois cavar *versus* não cavar é uma dicotomia. Mas essa idéia *redefine* o conflito ao redemarcar o espaço de ação, o qual agora poderia ter três possibilidades: a) uma usina hidroelétrica; b) uma usina de energia alternativa; c) nada. Diante disso, a velha dicotomia é ultrapassada e o conflito é reinterpretado. E o mais importante a esse respeito é que o grupo *satyagraha* tem obrigação de participar dessa ultrapassagem, não só sugerindo linhas alternativas de ação como propondo-as ao antagonista. O melhor, é claro, seria desenvolvê-las em conjunto com ele.

Entendidas dessa maneira, as normas de anticoerção se tornam normas de moderação e transcendência criativa em situações de conflito. Não se deve imaginar que se trata de uma regra geral de reconciliação com o mal. Como foi mencionado acima, há fundamentos em relação aos quais nenhum acordo pode ser feito. Em tais casos, o grupo *satyagraha* tem todo o direito de dizer que foi encurralado e deixado sem outra escolha a não ser "fazer ou morrer"; quanto ao adversário, ele pode retirar-se para todas as outras direções possíveis. Entretanto, mesmo sob tais condições extremas a tarefa do grupo *satyagraha* continua sendo a de transmitir ao antagonista essa imagem da situação, de modo que os dois lados possam dialogar com base em uma imagem compartilhada.

2.3 Gandhi e a resolução de conflitos

Mais uma vez, façamos uma breve apresentação da teoria convencional de resolução de conflitos, seguida de um esforço para situar Gandhi nesse contexto. É evidente que o método gandhiano não pode ser enquadrado na teoria convencional; contudo, o exercício é útil para que se possa perceber melhor em que pontos ele surge no quadro de referência.

A teoria convencional poderia tomar como ponto de partida de um lado a incompatibilidade e, do outro, os atores e o modo como eles formam os conflitos. Algumas vezes, é possível resolver a incompatibilidade sem realmente tocar nos atores e em suas relações, e até mesmo sem abordar o sistema conflituoso. O *acordo* faz exatamente isso. Os atores ainda estão lá, sua estrutura está basicamente intocada. Mas o conflito está terminado, porque ambas as partes abrandaram sua concepção do que é *aceitável* para elas, de modo que suas metas se tornaram *compatíveis.* A abordagem oposta é, num certo sentido, um exemplo ainda melhor: a fronteira do *compatível* é impelida mais e mais para fora até tangenciar o *aceitável.* A incompatibilidade em si é resolvida. Na clássica disputa empregador-empregado sobre salários, a primeira abordagem significaria uma nova fórmula para dividir um bolo preexistente; a segunda se referiria ao aumento do bolo, mantendo possivelmente a fórmula antiga no que se refere à sua divisão. Nem é preciso dizer que as duas visões não se excluem mutuamente.

Mas há outras. Uma delas pode manter os atores inalterados, embora isso modifique muito o sistema conflituoso, aprofundando o alcance de sua interação de modo a aumentar o número de conflitos entre eles. Para muitos, parece incompreensível que essa atitude possa facilitar a resolução de um conflito. Entretanto, com mais de uma desavença as partes podem tentar negociar: "Eu cedo a você aqui se você ceder a mim aí". Essa estratégia é freqüentemente chamada de "negócio de cavalos" e possivelmente tem duas conotações. É usada quando o valor que está em jogo é indivisível (o cavalo sofreria uma mudança dramática, se fosse partilhado segundo essa fórmula) e é algo imperfeita, como veremos mais tarde.

Até agora o sistema-ator foi preservado. Mas pode também ser expandido; com mais atores do que os dois originais, aumenta o número de possibilidades. A *multilateralização* de um conflito retira-o do modelo bilateral, ou mesmo bipolar, no qual o processo conflituoso tão freqüentemente se atola: se X tem um conflito com Y, Y um conflito com Z, e Z um conflito com X, eles podem então fundir suas desavenças e concluir que é possível eliminá-las. Assim, se X deve dinheiro a Y, Y deve a Z, e Z deve a X, há um campo óbvio para a resolução do conflito – desde que eles de algum modo estabeleçam um cenário no qual possa ocorrer o cancelamento das dívidas. No comércio internacional, a liquidação multilateral faz precisamente isso: cancelando déficits, por exemplo. No micronível, como o de uma família, crises desse tipo são constantes. Se não fosse assim, a instituição familiar estaria ameaçada pela desintegração.

Mas o sistema de atores também pode ser modificado pela contração, em vez de por expansão. De dois atores, ele só pode se contrair para um. É o acontece quando há *integração*, a qual não apenas significa a fusão de dois atores em um, mas também a harmonização de suas metas, isto é, seus interesses e valores.

Chegamos então ao último – mas certamente não menos importante – modo de mudar o sistema de atores: por meio da separação, da fissão, do *desacoplamento*. Isso só é possível se as partes estiverem previamente acopladas. O desacoplamento não tem sentido num conflito entre um invasor e uma população, mas é altamente significativo entre um explorador e um explorado. E pode sê-lo também em relações horizontais: dois parceiros comerciais podem decidir separar-se, um casamento pode acabar. Para resumir: se pode haver fusão com harmonia de valores, também pode haver fissão quando estes entram em desarmonia. Essa circunstância produz seis abordagens de resolução de conflitos: resolução da incompatibilidade, acordo, negociação, multilateralização, integração e desacoplamento.

Entretanto, há outras estratégias que não pressupõem a resolução de conflitos. Em vez disso elas tentam congelar o conflito, negá-lo, protelá-lo, utilizando para tanto todas as espécies de recursos. Assim, as partes se voltam mais para dentro; voltam-se uma para a outra de um modo mais positivo; ou mesmo de uma forma negativa, deixando que o conflito recue para o último plano por meio da introdução de nova desavença por cima da antiga (se eu queimar a sua casa hoje, é bem possível que eu esqueça que roubei a sua bolsa ontem); ou então buscando outros atores. Por fim, a violência direta e a estrutural são também modos de "resolver" um conflito: se a outra parte for "incapacitada" (por morte, afastamento ou banimento), já não poderá buscar seu objetivo e intrometer-se no caminho do primeiro ator. E se ela for *dominada*, pode até mesmo ficar inconsciente de seus interesses e, por essa razão, se tornará incapaz de procurá-los.

Assim sendo, onde Gandhi se situa em tudo isso?

Ele rejeita a maioria dessas estratégias. Na verdade, pode-se dizer que *Gandhi é um puritano em sua escolha de abordagens* – é um vegetariano, aqui como na escolha de alimentos, por assim dizer; e, em ampla medida, pelas mesmas razões.

Desse modo, ele obviamente rejeitaria a aplicação das violências direta e estrutural, pois isso seria contra a totalidade da idéia de não-violência. Seria também uma advertência para que elas não fossem usadas na luta. Para Gandhi, não existe um caminho para a paz: a paz é o caminho.

Ele também rejeitaria os quatro expedientes proteladores, porque eles são contra a injunção de *resolver* o conflito. São modos de escapar do processo conflituoso, saídas para quem não quer enfrentar o conflito com firmeza. Dessa maneira, não fazem parte do *satyagraha*. Um *satyagrahi* procura lutar contra a injustiça, não varrê-la para baixo do tapete. Essa postura não deve ser confundida com o uso do fator tempo no *satyagraha*: a luta deve ser prolongada para proporcionar o tempo necessário a ambas as partes; mas não se deve permitir que ela caia no esquecimento, que diminua de importância.

Das seis primeiras abordagens, que de uma forma ou de outra envolve a resolução real dos conflitos, Gandhi claramente rejeitaria a negociação e possivelmente também a sua irmã gêmea, a multilateralização. A razão para isso é que nesses casos as incompatibilidades continuam. Tais estratégias apenas estabelecem mercados para a substituição de conflitos, não para resolvê-los. Podem até ser admissíveis em conflitos fundamentais, porém, quando usadas como expedientes para a continuação das injustiças básicas, como acontece quando a exploração continuada é trocada por uma pequena reforma agrária; ou pela independência com a divisão da Índia em duas partes e, portanto, sem muito progresso real. Talvez seja admissível utilizá-las até um certo ponto, mas não quando estão em jogo valores fundamentais. E Gandhi escolheu, ao longo de toda a sua vida madura, lutar com base em princípios fundamentais.

Com essa postura, restam-lhe quatro das doze abordagens (ver a Tabela 7) – uma redução considerável. Mas todos os quatro são básicos para a abordagem gandhiana e foram elaborados por ele .

Comecemos pelo último desses quatro: o *desacoplamento.* Aqui cabe toda a teoria do desacoplamento. Para Gandhi, trata-se de muito mais que simplesmente romper relações, como ocorre quando são suspensos laços comerciais e diplomáticos, ou quando um casamento termina em divórcio. Em seu modo de ver, nessas circunstâncias desacoplam-se apenas estruturas sociais. Mas a Unidade-do-Homem, que é a estrutura mais profunda, continua, e é dever do *satyagrahi* empenhar-se numa interação ainda maior nesse plano, buscando a relação pessoa-a-pessoa.

Depois vem a *integração.* Essa ação está explícita no *Rama Raj.* A esse respeito, o que torna Gandhi diferente dos outros pensadores é sua insistência de que não existem fronteiras como gênero, geração, raça, classe, nação e país a serem observadas pela integração, pois ela é *universal.* Não se faz contra alguém; não é uma aliança/comunidade para o refreamento da violência direta ou da violência estrutural. É a integração da própria humanidade. Em segundo lugar, Gandhi é *otimista* quando se trata de abordá-la, e também no que diz respeito à possibilidade de sua completa realização neste mundo: todos podem ser acolhidos nos círculos oceânicos, com direitos e deveres iguais.

A seguir, vem o *acordo.* Gandhi falou freqüentemente em favor de acordos, mesmo em situações nas quais parecia que a luta poderia ser vencida – no sentido de que todas as ofensas seriam reparadas e de que todas as reivindicações do *satyagraha* seriam conseguidas. O objetivo não era vencer o conflito, mas prosseguir na luta de tal modo que fossem lançadas as melhores bases possíveis para a vida após a superação das desavenças. Contudo, a inclinação para os acordos não implica qualquer disposição para fazê-los passando por cima dos princípios fundamentais.

Por fim, vem a *resolução da incompatibilidade* – a transcendência. Muito freqüentemente essa é uma questão de imaginação, de criatividade, uma abordagem que Gandhi usava quando agia como terceira parte num conflito direto entre outros, mas também quando intervinha como primeira parte num conflito estrutural. O conflito é transcendido, e o que parece incompatível se torna compatível numa nova estrutura. O sistema horizontal de castas, a curadoria, a permanência dos ingleses na Índia porém não como colonizadores, são alguns exemplos.

Mas por que Gandhi adota essa abordagem puritana com relação à resolução de conflitos? Basicamente porque resolver o conflito é apenas um elemento do resultado desejável. *Igualmente desejável – ou ainda mais importante – é o impacto da desavença entre as partes.* Um conflito resolvido, mas que não modifica suas partes, não é um sucesso. *Aqui, o critério de sucesso é portanto triplo: chegar a uma nova estrutura social como expressão da resolução do conflito no sentido convencional (porém mais radical em seu alcance), e em um nível mais alto de autopurificação dos atores, tanto nos grupos satyagraha quanto nos adversários.* Esta última parte significa, tal como interpretado aqui, um nível mais alto de autoconfiança nas partes, e é nesse caso que a destruição de uma estrutura de exploração liberta o explorador. Ele era dependente de suas práticas exploradoras, mas ao longo da luta aprende a se tornar autoconfiante. O mesmo se aplica aos outros dois componentes: a luta serve de instrumento para o crescimento da coragem em ambas as partes, do mesmo modo que é instrumental para o fortalecimento da unidade, quando conduzida adequadamente. A atitude de Gandhi em relação à resolução de conflitos só pode ser bem compreendida à luz de um amplo conjunto de critérios de sucesso.

A tabela a seguir contém uma visão panorâmica do assunto:

Tabela 7. Doze abordagens à resolução de conflitos – e as quatro de Gandhi

Sistema de atores	Sistema do conflito	Incompatibilidade eliminada	Incompatibilidade preservada
Preservado	Preservado	1. Transcendência	7. Adicionar intra-ação positiva
		2. Acordo	8. Adicionar interação positiva
Preservado	Mudado (expandido)	3.Negociação	9. Adicionar interação negativa
Modificado	Expansão para mais atores	4.Multilateralização	10.Interação com outros atores
	Contração para um ator	5. Integração	11. Incapacitação
	Mudança de relações	6. Desacoplamento	12. Dominação

Gandhi elimina dois terços das abordagens convencionais ao conflito, mas aprofunda-se muito mais nas quatro restantes. Como isso é feito na prática?

Em termos de estratégia moderna, Gandhi parece adotar a doutrina da *resposta gradual e demorada.* Deve-se dar à outra parte tempo para refletir e perceber a totalidade da situação de um modo diferente, da mesma maneira que o grupo que faz essa concessão também precisa de tempo para ter possibilidades equivalentes de aprender, crescer e transcender junto com o antagonista. Pode ser necessário muito tempo para resolver as incompatibilidades que comprovadamente persistiram após todos os esforços para chegar a um acordo. No sentido gandhiano, a resolução de conflitos não se dá essencialmente por meio do confronto de pontos de vista, diálogo, negociação e acordos, mas sim pela experimentação de novas formas de vida social. Um andamento lento do conflito permite que isso aconteça com mais facilidade, e evita que muita energia humana e social se dissipe em ações destrutivas. A não-violência requer tempo.

No entanto, há diferenças muito importantes – tão importantes que acabam formando uma completa lacuna – entre o raciocínio estratégico moderno e o de Gandhi em relação a esse ponto específico. Resposta gradual significa escalada, ampliação da ameaça ao antagonista. Primeiro se tenta uma ameaça branda; prossegue-se com sua colocação em prática, e depois seu nível aumenta gradativamente, até que "as perdas se tornem inaceitáveis". Contornemos o problema de por que essa prática com tanta freqüência não funciona e parece contraproducente. Observemos que para Gandhi a escalada pode ser vista como um aumento da autonomia e da autoconfiança do indivíduo *e* do antagonista; não como a ampliação dos danos a ele infligidos. Em outras palavras, quando o grupo *satyagraha* sente que a unidade não pode ser restaurada, mas precisa ser criada, chegou o momento de ganhar autonomia pelo corte dos laços de dependência. Para o antagonista, isso pode parecer uma ameaça crescente. Para o grupo *satyagraha* é mais que uma declaração de independência – é independência também para o opositor.

Ambos terão oportunidades de se desenvolver melhor, mesmo que por algum tempo estejam separados e não cooperem. Num certo sentido, essa posição contradiz a idéia de que nenhum relacionamento é pior do que uma relação violenta. Todavia, essa idéia poderia ser recuperada possivelmente de outra maneira, o mais cedo possível, como ocorre com casais que por alguma razão acham que é necessário viver separados por algum tempo, ou no caso de pais e seus filhos adolescentes. O desacoplamento nunca é uma solução duradoura – só a integração é a meta definitiva.

Em resumo: *sair do acordo sobre o que é não-essencial e caminhar para aquilo que é fundamental.* (De 2 para 1 e de 6 para 5, na Tabela 7)

Para que isso possa acontecer é preciso tempo. Nesse ínterim, porém, muitas coisas mudam. É difícil manter a coerência. Mas será que ela é importante ou desejável?

Para Gandhi – e para qualquer *satyagrahi* – há uma considerável diferença entre o que se poderia chamar de *coerência* sincrônica e diacrônica num mesmo tempo e ao longo de um certo tempo. Ser coerente significa que não pode haver nenhuma contradição lógica entre o que se diz e o que se faz. Não se pode defender ao mesmo tempo um ponto de vista e o seu oposto. Esse ideal é muito importante na ciência ocidental, e desempenha um papel básico na lógica e na matemática. Mas com base só nele não se podem tirar conclusões sobre conflitologia e, principalmente, sobre a conflitologia do *satyagraha.*

Gandhi parece defender um alto nível de "coerência sincrônica". Sua insistência em cumprir promessas pode ser considerada a essa luz. O não cumprimento do prometido não só leva à desconfiança e à suspeita, como também destrói o que para ele parece ser fundamental: a idéia de não apenas ser responsável, mas também previsível para o antagonista. Este deve ser capaz de inferir a totalidade do comportamento com base num fragmento, seja ele não-verbal ou verbal. Deve ser capaz de saber, com facilidade, qual a posição do grupo *satyagraha* diante de qualquer questão importante. A coerência é uma condição necessária, mas não suficiente, para essa capacidade de fazer inferências. É também dever do grupo *satyagraha* tornar disponíveis, e compreensíveis, ao antagonista orientações de pensamento e ação. Incoerências como prometer algo e fazer o contrário tornarão isso impossível. O mesmo vale para a falta de comunicação sobre posições e pontos de vista. E também, pode-se acrescentar, para o excesso de comunicação.

Mas a visão de Gandhi da coerência diacrônica é tão obscura quanto é clara em relação à coerência sincrônica. Como foi mencionado, ele não só admite mudanças de pontos de vista como os encoraja. Essa é uma conseqüência necessária de sua percepção da auto-realização como crescimento. Ninguém pode crescer sem mudanças; com o passar do tempo, esse é o resultado da coerência. Ao longo do caminho, uma pessoa acaba chegando a verdades profundas, qualitativamente diferentes e mais abrangentes; por isso, cedo ou tarde terá de descartar as velhas crenças, repudiando-as publicamente. Portanto, *admitir erros* é uma norma importante, que sinaliza para os outros que a antiga fórmula mostrou-se deficiente e surgiram outros *insights*. É um aceno a si próprio para que empreenda as mudanças apropriadas de atitude e comportamento em consonância com essas novas percepções. Em outras palavras, é imperioso elaborar bem as implicações de um *insight*, pois o ego de um indivíduo deve ser coerente com ele mesmo, bem como em relação aos outros, em qualquer ponto e momento. Deve-se ser previsível para os outros, também quando o curso do processo começa a mudar.

Entretanto, não é somente a luta por níveis sempre mais altos de auto-realização que trabalha contra a teimosia, é também a participação ativa no conflito, combinada com a insistência de Gandhi numa prática dialética. Um conflito começa com o *seu* ponto de vista e o *meu* sendo mutuamente antitéticos; o ideal seria que ele terminasse com o *nosso* ponto de vista, sob a forma de transcendência ou acordo. As posições não precisam ser verbalizadas; elas podem ser partes atuantes de uma ordem social. Nesse processo, deve haver boa vontade para admitir os próprios pontos fracos e os pontos fortes da outra parte – e isso não pode deixar de conduzir a mudanças. Além do mais, há também a norma de que se deve chegar a um acordo. Mas como é possível exigir mudanças no outro lado sem querer fazer o mesmo?

Finalmente, Gandhi tenta evitar estabelecer uma divisão nítida entre as expressões verbal e não-verbal do que alguém defende. Numa cultura orientada para as palavras, busca-se a coerência sob a forma de expressões verbais. Estas devem corresponder aos pensamentos, do contrário o indivíduo é um hipócrita, um mentiroso. Mas o que acontece se as ações não traduzem essa correspondência? Tudo se passa como se Gandhi insistisse na coerência pensamentos-palavras-ações. Não há dúvida de que isso o põe em conflito com os intelectuais; estes, como se sabe, estão principalmente preocupados com a beleza de suas construções verbais, e não com a correspondência palavras-ações, tão essencial à postura gandhiana num determinado momento, e também necessária ao longo de toda a duração de um conflito.

Quando um satyagraha é bem-sucedido? Quais são os critérios que definem a condução de um conflito – segundo essas prescrições específicas, isto é, dentro dessa conflitologia –, até o ponto no qual é possível falar em resolução?

Dado que o conflito existe entre duas ou mais partes em relação à sua interação social, talvez possamos distinguir duas dimensões numa campanha de *satyagraha*: as partes e a estrutura social.

Como foi dito, o *satyagraha* não é uma técnica que pode ser separada de sua finalidade – uma sociedade menos violenta. Portanto, ele não será bem-sucedido, não importa o quão não-violentamente tenha sido conduzido, se seu resultado for uma sociedade violenta como antes, ou ainda mais violenta. Por exemplo, uma luta não-violenta entre dois poderes dominadores que unem forças para dominar um terceiro *não é* um *satyagraha* bem-sucedido. Do mesmo modo como fins não-violentos não santificam os meios, meios não-violentos não santificam os fins. Os dois são uma coisa só, e se um lado dessa unidade for violento a totalidade também o será.

Isso também pressupõe que a destruição de uma sociedade ou instituição violenta não é em si um sinal de *satyagraha* bem-sucedido. Uma situação como essa poderia ser apenas uma condição necessária, mas não suficiente, para a construção de uma estrutura social autônoma, na qual se pode buscar a auto-realização pessoal. Destruir uma instituição sem construir uma alternativa – e não apenas como um projeto, mas na prática – é ainda pior do que ser irresponsável: é por si só uma violência, porque deixa as pessoas numa situação de caos e anarquia, que provavelmente conduzirá à dependência em lugar da autonomia.

Quanto às partes em conflito, a meta também é clara: usar a desavença de modo criativo, como matéria-prima que pode ser moldada e utilizada na auto-realização. O grupo *satyagraha* se coloca com firmeza a favor da não-violência. O que dizer do antagonista? Ele terá de ser trazido mais para perto, não só como solução, mas como solução mais próxima de uma ordem social não-violenta; deve construí-la dentro de si mesmo. Em outros termos, muito se espera do antagonista. Gandhi acredita que todos – mesmo o explorador mais empedernido – que realmente pensam nisso chegarão a ver a sociedade não-violenta como uma sociedade que "fala a pessoas de todas as condições". Em outras palavras, ele provavelmente, de algum modo, também conhecia a idéia marxista da "falsa consciência", e percebia que ela devia ser denunciada por meio de um comportamento exemplar.

O que dizer do efeito do *satyagraha* sobre o próprio grupo *satyagraha*? Como foi dito e repetido, um grupo *satyagraha* que passa por um conflito e permanece inalterado é um fracasso. *O conflito é um meio de purificação*, tanto por causa da exposição às privações e ao sacrifício, quanto pela exposição à realidade tal como compreendida por outras mentes. Espera-se que o grupo *satyagraha* cresça e aprenda pela participação construtiva nos conflitos, mas só se as mesmas oportunidades forem dadas às outras partes.

Dessas metas, profundamente relacionadas mas ainda assim distintas, qual é a mais importante? Essa questão é provavelmente sem sentido, pois todas elas são essenciais. Contudo, a impressão que fica é que Gandhi, com sua insistência em dizer que "para mim um passo é o bastante", não desprezaria um ganho em qualquer das dimensões, mesmo que houvesse uma paralisação nas outras duas, desde que não ocorresse nenhuma deterioração. Uma ordem social mais perfeita está à vista. O enriquecimento de qualquer das partes por meio de um conflito não é apenas uma etapa na direção de um objetivo; é um objetivo em si, que enriquece toda a humanidade, pois ela é una.

2.4 O *satyagraha* na teoria: as normas

Nas três seções anteriores, fez-se um esforço para chegar a uma certa compreensão dos aspectos fundamentais do pensamento de Gandhi. O que se segue é uma continuação desse esforço, porém conduzida de modo diferente.

Gandhi era uma pessoa profundamente prática. Não se limitava a palavras. Como ficou bem claro em todas as suas biografias, sua vida foi predominantemente de desempenho. Um livro como este não pode por si só ser um exemplo de ação, ou, na melhor das hipóteses, não vai além da ação verbal. Mas há um laço entre a filosofia e a ação, e o que se segue é um esforço para explicá-lo tão claramente quanto possível.

Entre a base filosófica geral em que Gandhi se situa e suas ações concretas, seria possível imaginar uma camada de normas, comandos, injunções morais. Juntos, eles constituem o *satyagraha* verbalizado, em sua forma normativa, que é o oposto do *satyagraha* materializado, posto em ação. Mas a forma verbalizada não é meramente um conjunto de idéias filosóficas ou descrições; ela é predominantemente um conjunto de mandamentos morais. Essa é a maneira que escolhi para, nas páginas seguintes, expressar os escritos de Gandhi de um modo tão sucinto quanto possível – um conjunto de normas e sub-normas relacionadas à divisão do processo conflituoso em três partes: a gênese do conflito, o processo da luta e a resolução. O leitor encontrará as normas expostas nas páginas seguintes, com pontos de exclamação para tornar mais claro o seu caráter normativo.

Normas de Gandhi para conflitos

1. *Metas e gênese dos conflitos*

$N_{1.1}$ Nos conflitos, aja!

$N_{1.1.1}$ Aja agora!
$N_{1.1.2}$ Aja aqui!
$N_{1.1.3}$ Aja para o seu próprio grupo!
$N_{1.1.4}$ Aja com base na identidade!
$N_{1.1.5}$ Aja com base em convicções!

$N_{1.2}$ Defina bem o conflito!

$N_{1.2.1}$ Estabeleça suas metas com clareza!
$N_{1.2.2}$ Tente entender as metas de seu oponente!
$N_{1.2.3}$ Enfatize as metas comuns e compatíveis!
$N_{1.2.4}$ Exponha objetivamente os fatos relevantes do conflito!

$N_{1.3}$ Aborde o conflito de modo positivo!

$N_{1.3.1}$ Dê ênfase positiva ao conflito!
$N_{1.3.2}$ Veja o conflito como uma oportunidade para reunir-se com o oponente!
$N_{1.3.3}$ Veja o conflito como uma oportunidade para transformar a sociedade!
$N_{1.3.4}$ Veja o conflito como uma oportunidade para transformar a você mesmo!

2. *A luta / o processo*

$N_{2.1}$ Aja não-violentamente nos conflitos!

$N_{2.1.1}$ Não fira ou cause prejuízos com seus atos!

$N_{2.1.2}$ Não fira ou cause prejuízos com suas palavras!
$N_{2.1.3}$ Não fira ou cause prejuízos com seus pensamentos!
$N_{2.1.4}$ Não cause prejuízos aos bens do oponente!
$N_{2.1.5}$ Prefira a violência à covardia!
$N_{2.1.6}$ Faça o bem mesmo aos malfeitores!

$N_{2.2}$ Aja de modo coerente com a meta!

$N_{2.2.1}$ Inclua sempre um elemento construtivo!
$N_{2.2.2}$ Use modos de lutar que revelem as metas!
$N_{2.2.3}$ Aja abertamente, não secretamente!
$N_{2.2.4}$ Oriente a luta para o ponto correto!

$N_{2.3}$ Não coopere com o mal!

$N_{2.3.1}$ Não coopere com as estruturas maléficas!
$N_{2.3.2}$ Não coopere com os *status* maléficos!
$N_{2.3.3}$ Não coopere com as ações maléficas!
$N_{2.3.4}$ Não coopere com os que cooperam com o mal!

$N_{2.4}$ Esteja disposto a sacrificar-se!

$N_{2.4.1}$ Não fuja à punição!
$N_{2.4.2}$ Esteja disposto a morrer, se necessário!

$N_{2.5}$ Não polarize!

$N_{2.5.1}$ Faça a diferença entre o antagonismo e o antagonista!
$N_{2.5.2}$ Faça a diferença entre as pessoas e seus *status*!
$N_{2.5.3}$ Mantenha o contato!
$N_{2.5.4}$ Empatize com a posição de seu oponente!
$N_{2.5.5}$ Seja flexível ao definir partes e posições!

$N_{2.6}$ Não entre em escalada!

$N_{2.6.1}$ Permaneça tão leal quanto possível!

$N_{2.6.2}$ Não provoque nem se deixe provocar!
$N_{2.6.3}$ Não humilhe nem se deixe humilhar!
$N_{2.6.4}$ Não expanda as metas do conflito!
$N_{2.6.5}$ Use as formas mais brandas possíveis de comportamento conflituoso!

3. *Resolução do conflito*

$N_{3.1}$ Resolva o conflito!

$N_{3.1.1}$ Não continue indefinidamente com a luta!
$N_{3.1.2}$ Busque sempre negociar com o oponente!
$N_{3.1.3}$ Busque a transformação social positiva!
$N_{3.1.4}$ Busque a transformação humana
– de você mesmo
– do seu oponente!

$N_{3.2}$ Insista no que é essencial, não no que não é essencial!

$N_{3.2.1}$ Não negocie o que é essencial!
$N_{3.2.2}$ Disponha-se a acordos em relação ao que não é essencial!

$N_{3.3}$ Veja a si mesmo como falível!

$N_{3.3.1}$ Lembre-se de que você pode estar errado!
$N_{3.3.2}$ Admita abertamente os seus erros!
$N_{3.3.3}$ Ser coerente o tempo inteiro não é importante!

$N_{3.4}$ Seja generoso em sua visão do oponente!

$N_{3.4.1}$ Não explore as fraquezas do oponente!
$N_{3.4.2}$ Não julgue o oponente mais severamente do que a você mesmo!
$N_{3.4.3}$ Confie em seu oponente!

$N_{3.5}$ Conversão, não coerção!

$N_{3.5.1}$ Busque sempre soluções que sejam aceitas
– por você mesmo
– pelo oponente!

$N_{3.5.2}$ Jamais coaja seu oponente!

$N_{3.5.3}$ Transforme o seu oponente num adepto da causa!

Falemos um pouco sobre o método utilizado. Não há dúvida de que ele é fragmentário: secciona Gandhi em pedaços, ao tentar apresentá-lo como um catálogo, um conjunto de diretivas. Mas a essa objeção seria possível alegar que o próprio Gandhi fazia isso com freqüência: ele gostava muito de emitir regras e diretivas. A questão, pois, é saber até onde a interpretação é correta. O leitor verá que as citações gandhianas não correspondem exatamente à interpretação aqui escolhida; mais especificamente, perceberá que as formulações – necessariamente curtas, pois devem ser normativas e não breves tratados – não refletem a riqueza das expressões do próprio Gandhi. Portanto, deve-se considerá-las aproximadas e tentar compreender o que há por trás delas, em lugar de dar demasiada atenção à sua exatidão.

Voltemo-nos, portanto, para as normas e tentemos fazer alguns comentários ao sistema, num esforço para resumir a mensagem veiculada por suas diretivas. Elas se referem aos conflitos e ao *comportamento conflituoso* que, no caso de Gandhi, deve ser entendido como quase idêntico ao *comportamento social* em geral, equivalente ao *comportamento humano* verbal e não-verbal. Sim, pode-se dar um passo adiante e chegar ao interior do ser humano, suas atitudes, pensamentos, emoções. Isso é possível porque para Gandhi o dever de um ser humano é ser consciente, e um ser humano consciente verá conflitos em toda parte.

Essa circunstância afetará os aspectos externos e internos do comportamento humano. Nesse particular, Gandhi difere de quase todos que escrevem sobre conflitos no Ocidente: numa desavença, a atitude e o comportamento não precisam ser negativos, plenos de ódio e destruição; tampouco precisam ser vazios e arredios. Ambos podem ser positivos, cheios de amor e comportamentos construtivos. Esse é um ponto que Gandhi sempre destaca em sua abordagem aos conflitos. Conseqüentemente, seria possível usar como título desta seção a expressão *Normas Sociais de Gandhi* – mas isso não seria inteiramente correto do ponto de vista ocidental, cujo foco é a desavença.

A história contada pelas normas deve agora ser bem conhecida pelo leitor. O aspecto violento de um conflito é como um organismo: nasce, alcança a maturidade e desaparece. A tarefa do *satyagrahi* é alimentar e manter o conflito, não matá-lo ou fingir que ele não existe. Como Cristo, ele deve saltar de bom grado para dentro da luta, daí a advertência quanto à ação. Mas não deve fazer isso para obter vantagens: não deve ser um intrometido, que viaja pelo mundo dizendo às pessoas "você tem um conflito interessante, deixe-me resolvê-lo!" Deve lutar tendo por base a situação no tempo, no espaço, nos âmbitos social e pessoal. Assim, em caso de injustiça, deve-se começar a agir de imediato, e não esperar pelo momento politicamente oportuno.

Essa ação deve se originar da própria situação do indivíduo, não da situação de outros. Além disso é preciso agir, e não satisfazer-se com declarações. E agir *aqui* liberando seu potencial de ação no círculo em que você vive. É o problema mais próximo de um indivíduo que deve comandar a sua ação. Agir para o seu grupo e dentro dele – o dever e o direito de atuar devem ser canalizados como uma energia social, dirigida para o próprio grupo. Se uma pessoa que vive no Primeiro Mundo estiver preocupada com o Terceiro Mundo, deve agir no Primeiro Mundo.

Essa atitude, é claro, tem uma conseqüência importante: se todos seguirem essa norma, não haverá estranhos em quem confiar e de quem depender. Contudo, segundo Gandhi, pode-se também agir em qualquer outra parte, mas sob a condição da identificação. Se um indivíduo não for ele próprio a vítima de injustiças sociais, o seu nível de identificação com as vítimas delas deve ser muito alto. O ônus da prova dessa identificação reside no próprio indivíduo. Deve ser assumido em termos de ação concreta e compartilhamento de condições, não apenas sob a forma de declarações verbais. Noutros termos: desaparecem todas, ou quase todas, as cartas a editores da imprensa; desaparecem os anúncios de jornal com centenas ou milhares de assinaturas; e Gandhi, um filho de primeiro-ministro vivendo nas aldeias, torna-se o modelo.

Mas é preciso levar em consideração o espaço humano interno. A ação deve nascer de uma convicção genuína. O objetivo social deve ser um valor também para a própria pessoa, de modo que a busca da transformação social se torne ao mesmo tempo uma luta pelo crescimento pessoal. Se a luta não se originar de uma profunda convicção, não haverá capacidade de levantar-se com coragem, aceitando os sacrifícios necessários para alcançar um fim produtivo. Essa é uma condição rigorosa, mas podemos dizer que Gandhi a atenua em outro ponto: o indivíduo não precisa se envolver em todos os conflitos, em toda parte e o tempo inteiro. Participar *aqui* e *agora* é mais que suficiente, mas esse é o requisito mínimo. É claro que se trata de uma expressão de um mundo ideal segundo Gandhi, intensamente ativo em cada ponto, mas imprecisamente interdependente e, com certeza, sem gradientes centro-periferia.

Uma condição para a auto-imersão num conflito é saber o porquê de sua existência. Dos escritos e da ação de Gandhi, podem ser tirados quatro aspectos a esse respeito. Primeiro: o diálogo interno deve ser suficiente para obter clareza sobre os próprios objetivos e esforços, e para compreender os do oponente por meio do diálogo externo. É dever de cada um tornar-se previsível, declarando com clareza os seus objetivos e mantendo-se fiel a eles uma vez que são metas essenciais. Os objetivos são um contrato unilateralmente assinado. Mas é também um dever entender o que o oponente defende, tão bem ou melhor que ele. Seria tipicamente gandhiano, em qualquer discussão, dizer ao oponente: "Em outras palavras, quero entender que sua posição é... ", e então tentar formulá-la mais claramente do que ele próprio é capaz, mas não de modo arrogante.

Nesse processo, se listássemos as metas e os valores de ambos os lados, a doutrina da Unidade-do-Homem levaria os *satyagrahis* a pôr muita ênfase nos objetivos que as partes têm *em comum*. Eles podem parecer triviais, mas ainda assim devem ser declarados – como a necessidade de sobreviver, de ter uma vida material minimamente decente, uma identificação com aqueles a quem se ama e acredita e um mínimo de liberdade de escolha. A dificuldade surge quando as metas do adversário e as nossas são *incompatíveis*. E elas costumam sê-lo precisamente quando são as mesmas, pois podem ser escassas. Mas essa circunstância também deve ser exposta com clareza e tão objetivamente quanto possível.

Dessa maneira, dada a injunção de participar e o conhecimento do mapa do conflito, a tentação seria prosseguir logo com a luta. É certo que Gandhi preconiza a ação no aqui-e-agora, mas só quando essa abordagem é suficientemente positiva. O que se deve enfatizar, a longo prazo, é o estado positivo desejável que poderá surgir quando o conflito for resolvido. A participação numa luta deve ser vista não como uma ocasião para deflagrar atitudes e comportamentos hostis em relação ao oponente – embora um tanto disso possa ser inevitável –, mas como uma oportunidade de conhecê-lo melhor, pelo contato e pelo comportamento construtivo durante a desavença. Mais importante ainda é que o conflito deve ser considerado uma libertação de energias, que se adequadamente trabalhadas podem ser usadas para a construção de uma sociedade melhor. De igual importância é que o comportamento conflituoso, mesmo sendo inevitavelmente penoso e difícil, deve ser considerado uma oportunidade para o crescimento pessoal de ambas as partes.

Pode-se acrescentar que aqui Gandhi mostra também algumas de suas habilidades de psicólogo. Quantas vezes eu próprio, como um estudioso do comportamento conflituoso e com muita freqüência como participante, não vi a intensa impaciência nos olhos das pessoas quando a luta se tornava manifesta; a tensão, o nervosismo, a disposição para o sacrifício, a prontidão para agir quando chegar o momento, a busca do drama – tudo isso tão diferente da apatia que pode surgir quando o conflito já não é manifesto. Gandhi sabe disso e, assim, é possível percebê-lo raciocinando do seguinte modo: *façamos um uso positivo e criativo dessa energia conflituosa enquanto ela durar, tanto no plano social quanto no pessoal.* Mas tal uso não vem por si mesmo. Precisa ser nutrido e criado, deve ser construído nas pessoas como uma atitude afirmativa diante do conflito desde o começo.

Assim, o indivíduo é preparado para a luta e, desse modo, entra na arena social. E nela há seis regras muito importantes a seguir.

Primeira. É a que todos associarão ao nome de Gandhi: aja não-violentamente! É claro que isso não significa abster-se apenas da violência física. Estão incluídas a violência verbal, a mental, a violência contra a propriedade. Surgem então dois corretivos tipicamente gandhianos: a) pior ainda que a violência é a covardia, é retirar-se da ação; b) não-violência não significa que se deve evitar ações violentas, significa também que se deve agir positivamente, mesmo em relação ao malfeitor.

Segunda. Qualquer que seja o tipo de ação escolhido para a luta, ele deve ser coerente com o objetivo, isto é, com o estado de coisas desejado após a cessação do conflito. A idéia de agir de modo não-violento pode também ser considerada como originária desse princípio: depois da luta, deve prevalecer a não-violência, não a violência. Mas Gandhi vai além. Desde os primórdios, devem ser incluídas ações construtivas no comportamento conflituoso. Mais ainda, tudo o que for feito deve de uma forma ou de outra revelar as metas da luta. Em outros termos, a ação conflituosa precisa ter um alto valor pedagógico. Se o objetivo é construir um país no qual as pessoas tenham o direito de usar livremente os seus próprios recursos – o *sal*, por exemplo –, então (como foi brilhantemente retratado no filme *Gandhi*, de Attenborough) a luta deve mostrar que se deseja, como solução do conflito, poder apanhar uma pitada de sal sem ser por meio de qualquer monopólio britânico (a Marcha até Dandi, em 1930, que culminou em 6 de abril com Gandhi apanhando o sal).

E um passo adiante: se o que se quer é evitar segredos na boa sociedade que virá, agora é o momento de começar a agir abertamente e não secretamente, mesmo que isso implique maior vulnerabilidade diante do opositor. Por fim, um corretivo importante: esteja certo de não atingir a quem não participa do conflito, isto é, as partes "inocentes". Oriente a luta para o ponto onde está o antagonismo. Assim, uma greve ferroviária que atinja os passageiros comuns torna-se altamente problemática.

Terceiro. Não devemos cooperar com o mal. Nesse princípio já está indicada a principal estratégia da luta: não tentar ferir ou prejudicar o malfeitor – por outro lado, também não cooperar com ele. O que importa aqui é o elemento tipicamente gandhiano: a não-cooperação deve ser orientada contra o mal e não contra quem o pratica. Devemos nos recusar a atuar dentro da estrutura social maléfica e com o *status* social maléfico, apoiando assim a ação do mal. Mais outro passo à frente: não devemos cooperar com quem coopera com aquilo que é mantido pelo mal. Tudo que é socialmente maléfico deve ser isolado, abandonado, como acontece quando alunos boicotam um professor que tenta difundir idéias fascistas, e mesmo assim, mantêm contato com ele fora da universidade, para conversar e possivelmente modificá-lo. Assistir à aula é um ato de cooperação, e portanto um meio de apoiar o mal. Entretanto, não buscar o encontro pessoal com o professor fora das aulas é também maléfico.

Quarto. Tudo isso implica sacrifícios, há riscos reais. É preciso que haja disposição para que um indivíduo se empenhe no conflito, mesmo que os "custos" sejam consideráveis e os futuros "benefícios" também. O sacrifício precisa ser assumido de maneira a estabelecer a autodisciplina e também como um meio de autocrescimento. Acima de tudo, ele serve para transmitir ao outro lado que *isso é sério*, que o mal causado é de tal magnitude que é preferível o sacrifício, a punição, ou mesmo a morte, a permitir que ele continue agindo sem encontrar resistência e não-cooperação. Esse é um dever, e os deveres têm seu preço.

Quinto. Dois corretivos tipicamente gandhianos. A não-cooperação e o sacrifício apontam na direção da luta penosa. Mas as normas *não polarize* e *não provoque a escalada* servem para modificar essa impressão e moderar o conflito. Deve-se fazer todo o possível para evitar que se forme uma lacuna intransponível entre as partes, ou seja, para evitar que desapareça o contato. O primeiro e mais importante ponto é fazer a distinção entre o mal e aquele que o pratica, entre o conflito em si e as partes nele envolvidas. De acordo com a doutrina da Unidade-do-Homem, nunca se está essencialmente lutando contra outros seres humanos. Luta-se contra o que separa, contra aquilo que se põe no caminho da total realização da unidade humana. Do ponto de vista sociológico, isso significa distinguir a pessoa do seu *status*, o indivíduo da posição que ele ocupa, aceitando o primeiro e (possivelmente) não cooperando com esta última.

O resultado é a manutenção do contato no plano pessoal. Do ponto de vista psicológico, trata-se de empatizar com a posição do oponente. Na prática, é um esforço não só para entender os objetivos do adversário, mas também o seu comportamento no conflito, pondo-se no lugar dele e perguntando "o que eu teria feito nessa situação?", e prosseguindo com a indagação: "Como explicar o que ele está fazendo?" Ao fazer isso, deve-se manter uma certa flexibilidade e, acima de tudo, a capacidade de revisar o mapa da luta e suas posições. A desavença é um fenômeno extremamente dinâmico, o que significa que as partes e seus posicionamentos mudarão, e que essa circunstância se refletirá na imagem dessas partes e em suas posturas. Elas também precisam ser dinâmicas.

Sexto. Tente manter a temperatura do conflito tão baixa quanto possível. A norma geral deve ser lealdade à ordem social por tanto tempo quanto possível, usando os protestos e as negociações até o limite, antes de introduzir quaisquer iniciativas de não-cooperação ou mesmo de desobediência civil, com ou sem ações construtivas. Não provocar desnecessariamente; não humilhar desnecessariamente. Além do mais, devemos ser internamente fortes o bastante para não ser provocados pelo que é objetivamente provocador, e para não ser humilhados por aquilo que é objetivamente humilhante. A pessoa que explode em ira só pode ver provocação e humilhação. Os outros percebem o quanto ela é vulnerável, frágil e insegura. Essas condições podem ser evitadas por meio do crescimento pessoal – o cultivo da energia interna. Entretanto, tão ou até mais importante é o fato de que as metas não devem ser ampliadas durante o conflito, pois isso torna as partes imprevisíveis. A outra parte começará a pensar: nessas condições, tudo pode acontecer; por isso, é melhor que eu me torne totalmente inflexível, que não ceda em ponto algum. E, por último: para que seja possível controlar a escalada do conflito em todos os estágios, devem ser usadas as formas mais brandas possíveis de comportamento conflituoso.

A luta agora está madura: desabrochou, por assim dizer. Todos os tipos de ação, todas as espécies de palavras estão no ar, sinais estão sendo enviados em todas as direções. Nesse ponto, Gandhi entra com uma norma muito importante, que pode parecer trivial mas não é: *os conflitos devem ser resolvidos*! Não se deve supor que eles precisem continuar para sempre, nem que devam ser varridos para baixo do tapete. As partes devem ser ativas para buscar soluções e não institucionalizar o comportamento conflituoso sob a forma de ritual, com demonstrações perenes, passeatas, greves ou seja o que for. As negociações são as ferramentas lógicas a adotar, pois ajudam a ter sempre em mira a solução real das desavenças e a busca tanto da transformação social quanto da humana. Neste último caso, ela deve beneficiar-nos e também ao nosso oponente.

Nas idéias de Gandhi sobre conflitos há uma distinção entre o que é ou não essencial. Os fundamentos precisam ser levados muito a sério, pois não são negociáveis. Sobre o que não é fundamental podem-se fazer acordos. Também pode acontecer que durante o conflito se descubra que aquilo que se supunha essencial na verdade não é e vice-versa.

Para que a negociação leve à resolução do conflito, certas autopercepções e percepções do outro lado são indispensáveis. É preciso que nos consideremos imperfeitos, lembrar que podemos estar errados. Entre outras razões para essa postura, está a de que ela pode abrir caminhos para que sejamos mais flexíveis diante do antagonista. Admitir os próprios erros pode também ser um meio de convidar o adversário a agir de forma similar, em especial se ao mesmo tempo não se cede em relação a aspectos essenciais. E aqui Gandhi introduz um corretivo muito importante: *a coerência da meta ao longo do tempo não é importante*; o que importa é a transformação social e humana. O pensamento gandhiano é muito dialético. Tudo muda: a sociedade, os objetivos, as partes, as posições, as estruturas conflituosas – e com isso modifica-se também a resolução dos conflitos. Em outras palavras, agarrar-se sempre às mesmas posições pode ser incompatível com o *satyagraha*. A consistência ao longo do tempo não é uma virtude. Já a coerência num mesmo ponto em tempo hábil (antes que seja tarde demais) é algo diferente: nesse caso, as posições emergirão de uma postura filosófica comum. Mas essa postura pode mudar com o passar do tempo, como conseqüência das modificações da dinâmica social.

O outro lado dessa moeda é ser generoso em relação ao oponente; não explorar suas fraquezas, não julgá-lo com demasiada rigidez, tentar confiar nele.

Tudo isso deve ser feito com um objetivo final em mente: a resolução do conflito nunca é real, a menos que as soluções sejam aceitas e internalizadas como compatíveis com os objetivos (possivelmente novos), tanto os nossos quanto os do opositor. Em outras palavras, a resolução terá de subentender a conversão, e não apenas a do oponente, mas provavelmente também a nossa própria.

Devemos tentar transformar o oponente num adepto de nossa causa, ou no adepto de um acordo com pontos de nossa posição. Coagir o oponente é apenas mais uma forma dc dizer que o conflito não foi resolvido, e que ele cedo ou tarde terá de recomeçar.

Esta é mais ou menos a história de Gandhi em relação aos conflitos, expressa como um sistema de diretivas ou ética política. Se a compararmos ao que ocorria durante a Guerra Fria entre os superpoderes e seus aliados – em especial os líderes –, concluiremos que do ponto de vista prático todas essas normas (isto é, as 14 principais e as 54 subnormas) foram quebradas, no todo ou em parte. Este não é o lugar para descer a detalhes a esse respeito; além disso, esse fenômeno de degradação moral não é encontrado só no Ocidente. Será suficiente considerar de modo breve alguns pontos, usando a lógica de Gandhi para os conflitos.

Comecemos pelo princípio: é muito comum varrer os conflitos para baixo do tapete, não lidar com eles antes que se tornem insuportavelmente evidentes. O conflito entre os EUA e a América do Sul (a América que fica ao sul do Rio Grande) não começou com a Revolução Cubana: estava lá durante gerações. Há também a tendência, inspirada no marxismo, de esperar que as contradições se tornem "maduras" para só então agir. A idéia de tentar resolver os conflitos dos outros, em vez de nos concentrarmos nos nossos, parece estar profundamente embutida na ética da política ocidental, e possivelmente é inspirada pela universalidade do cristianismo. Não é errado preocupar-se com os outros, claro. Mas fazer isso às custas de nossa sociedade, com a qual podemos nos envolver de modo mais significativo, empregando e desenvolvendo energias para a resolução de conflitos nascidos de identidades e convicções mais profundas, é outra questão. Um bom exemplo é a tendência dos EUA a se envolver nos conflitos de todo o mundo, com poucos resolvidos no plano doméstico.

Com muita freqüência as desavenças não são bem definidas, pela simples razão de que seus objetivos não são declarados. Essa circunstância tem a ver com a imprecisão das visões social e global de hoje. Depois da liberação/revolução, muito poucos sabem por qual objetivo estiveram lutando, e isso torna difícil para as partes prever o que acontecerá. Não se costuma verificar se as partes envolvidas num determinado conflito podem ter mais pontos em comum do que incompatibilidades. Nas crises políticas e econômicas, tanto das sociedades liberais/capitalistas quanto nas marxistas/socialistas, essa relutância em pensar em termos de visão concreta pode ser compreensível, mas ela tem trabalhado bastante contra uma visão mais positiva do comportamento conflituoso.

Nesse caso, consolida-se a visão ocidental básica dos conflitos como algo negativo e, como tal, eles tendem a produzir atitudes e comportamentos também negativos. O envolvimento numa situação conflituosa é quase sempre identificado com o ódio e a destrutividade. Os esforços para ser construtivo, para ver a outra parte como humana, merecedora de contato – e até mesmo como alguém com quem se pode aprender – são interpretados como um sinal de fraqueza, uma prova de que se é ingênuo e, em certos casos, até mesmo um traidor. A idéia de que o conflito pode ser uma oportunidade de automudança não está bem desenvolvida; o que prosperou foi a concepção de que a desavença é uma oportunidade para mudar o outro lado, pois é disso que ele certamente precisa.

No cenário da corrida armamentista nuclear, mencionar a via da não-violência era quase uma blasfêmia; ainda assim, foi pela não-violência que a maioria dos países do leste europeu se libertaram. A totalidade do sistema havia sido montada com a intenção final de destruir tudo e a todos. Sem este tipo de cenário como desfecho possível, a intimidação jamais teria credibilidade. Foi preciso a disposição fundamental e insana de usar "armas de destruição em massa", como eram eufemisticamente chamadas no jargão da ONU.

A única norma que poderia ter algum ponto de contato com o pensamento de Gandhi seria a idéia de preferir a violência à covardia. Mas mesmo assim a interpretação era diferente da gandhiana. No Ocidente, a não-violência não é nem mesmo considerada uma alternativa a ser levada a sério (embora na verdade esteja sendo usada hoje). Nas interpretações estatais – que são profundamente violentas –, tornou-se natural tentar dissuadir comportamentos conflituosos extremos por meios violentos. Entretanto, os líderes desses Estados se escondem em seus *bunkers*, em seus abrigos, em vez de ir para o fronte de batalha como faziam antigamente. Deixam a violência para os outros e reservam para si próprios a covardia. Comparem isso com a coragem de Gandhi!

E assim poderíamos continuar indefinidamente. Sem objetivos claros, sem visões nítidas, não é de estranhar que as formas de luta não revelem as metas. Ninguém, em sã consciência, pode desejar a "dissuasão nuclear" como o objetivo de uma boa sociedade; ou o sigilo; ou ser presidido por organizações de espiões e corroído pela organização espiã do outro lado; ninguém pode desejar tal modelo como uma probabilidade futura. Nessas circunstâncias, os meios escondem os objetivos em vez de revelá-los.

Além do mais, com muita freqüência o conflito é orientado para a direção errada. Portanto, ele dificilmente pode ser localizado nos países socialistas que ameaçavam os EUA na década de 1980, nem no Terceiro Mundo. A direção real é a competição altamente eficaz do Japão e de outros países do Oriente e do Sudeste Asiático. Mapeamentos equivocados canalizam a energia conflituosa para direções erradas.

A idéia de não-cooperação com a outra parte foi certamente posta em prática; quando praticada dentro do próprio sistema, porém, ela foi considerada criminosa. A polarização era sempre vista como uma expressão da profundidade de convicções, embora se deva acrescentar que há grandes forças, tanto no Oriente quanto no Ocidente, tentando entrar em contato mútuo. No entanto, tal circunstância é percebida com mais clareza em épocas de crise. Existe o boicote econômico e social, tal como Gandhi teria aconselhado, mas não há quase nunca o elemento adicional do contato pessoa-a-pessoa. Também não existe qualquer cultivo da empatia com a outra parte, no sentido de tentar entender como ela percebe a situação. Tal empatia é relegada aos períodos entre as crises, e não praticada nas ocasiões em que é mais necessária. E, mesmo nesses casos, é interpretada como falta de energia.

O resultado foi que a escalada – no mundo inteiro e em suas várias formas – tornou-se a ordem do dia. É bem verdade que as piores armas, como as bombas atômicas, não foram usadas desde o ato de terrorismo de Estado contra Hiroshima e Nagasaki em 1945. Mas a provocação e a humilhação têm sido disparadas, e mesmo ampliadas, em todas as direções, talvez especialmente durante o governo Reagan, com seu objetivo declarado de simplesmente eliminar o comunismo e estabelecer o liberalismo em todo o mundo como instância final.

Permitiu-se a continuação dos conflitos. Romperam-se negociações – como fez a União Soviética em novembro de 1983 – em vez de continuá-las, por absurdo que possa parecer. Esse foi um erro fundamental da União Soviética, que deveria ter permanecido em Genebra, possivelmente repetindo dia após dia a sua oposição aos mísseis terra-ar dos EUA; tentando fazer com que todos entendessem por que essa questão era fundamental e nada poderia ser trocado por ela. A quebra das negociações dificulta a sua retomada. Uma questão totalmente diferente é saber se as negociações de Genebra – "mútuas e equilibradas" – foram realmente significativas. O que a União Soviética fez foi tão assimétrico que constituiu um desarmamento quase unilateral. Ela não só desmantelou mais mísseis que os EUA, como também mais mísseis ar-ar e embarcados do que as armas nucleares inglesas e francesas.

Falemos agora sobre a distinção entre o que é ou não essencial. Aqui, segundo penso, o movimento em favor da paz poderia ser censurado por ter fracassado ao traçar essa linha. É essencial que nos livremos de absolutamente todas as armas para chegar ao desarmamento total? Ou o problema fundamental é tentarmos nos livrar das armas altamente ofensivas, provocadoras, e possivelmente manter os sistemas defensivos, não-provocadores, em especial porque muitas pessoas parecem sentir-se mais seguras quando existe poder militar por perto? Além disso, a retirada da OTAN e da OMC eram realmente essenciais? Ou será que o ponto fundamental seria modificar essas alianças, fazê-las passar de altamente agressivas e provocadoras – como as via o outro lado – para organizações políticas que coordenam as negociações de desarmamento entre as alianças, comprometidas no transarmamento de posturas ofensivas para atitudes defensivas dentro das alianças? Em vez disso, deve-se insistir no transarmamento e deixar de lado o desarmamento? Ou insistir na transformação das alianças e deixar de lado a sua dissolução? Ou, para tomar outro exemplo, ficou claro que a retirada das tropas dos EUA da Alemanha Ocidental e das tropas soviéticas da Alemanha Oriental era essencial? Ou poderia dar-se o caso de que o essencial não fosse a sua nacionalidade, mas sim a espécie de armas que elas tinham e o tipo de doutrina militar que praticavam?

No conflito da Guerra Fria entre o Primeiro e o Segundo Mundo – e a guerra quente entre o Primeiro e o Terceiro Mundo (na América Central, por exemplo) –, poucas coisas teriam sido tão significativas quanto um passo na direção da resolução, se alguém importante tivesse sido capaz de dizer: "Cometemos um erro fundamental. Deixamos de entender os pontos de vista do outro lado. Temos de nos desculpar por isso, pois podemos não ser os únicos culpados desse fracasso. Mas admitimos que erramos e agradecemos ao oponente por nos ter mostrado isso". Todavia, esse é o tipo de declaração que os líderes políticos parecem não ser inclinados a fazer, talvez nem mesmo sob tortura ou ameaça de morte. Os objetivos supremos são a consistência e a infalibilidade. No entanto, foi precisamente o reconhecimento de ter cometido erros básicos que desencadeou a mudança na União Soviética e que acabou levando à implosão do sistema.

A satisfação com a coerção em vez da conversão é um aspecto importante dos conflitos, tal como são entendidos no Ocidente. Nessa concepção, coagir poderia ser até melhor do que converter. Desavenças significam incompatibilidade, e a fonte delas é sempre o oponente. Ele não tem o direito de ficar no meu caminho, portanto tenho o direito de retirá-lo à força, com ou sem a sua anuência. Mais importante que sua aceitação de uma solução é a sua derrota; numa cultura competitiva, o perdedor precisa ver quem manda, quem é o vencedor. É claro que sempre que possível isso deve ser feito por meios não-violentos – pelo voto em organizações democráticas, por exemplo. Mas nesses casos a lei da maioria é em si mesma uma forma de coerção. Ela não pede ao lado perdedor (a minoria, possivelmente de 49%) que aceite a decisão final: pede-lhe apenas que aceite a forma pela qual se chegou a ela. Ou seja, pede-lhe que seja um bom esportista, um bom perdedor. Mas o voto da maioria torna-se o governo da maioria, o qual uma vez formalizado se transforma no poder da lei – na democracia. As minorias são os perdedores. Já o *satyagraha* busca soluções em que não haja vencedores nem vencidos.

Em outras palavras, a distância entre a ética política de Gandhi e o cenário político ocidental é imensa. Ainda assim as normas de que falamos são praticadas todos os dias e em toda parte, porém mais nos planos locais e privados e menos no âmbito governamental. Não é que esse tipo de ética nos seja desconhecido. Nós o conhecemos – embora não tão conscientemente – e o praticamos. A novidade de Gandhi foi que ele se recusou a traçar uma linha nítida entre a ética da vida cotidiana e a das autoridades, dos grupos, dos Estados, uma linha que é muito evidente no cristianismo, principalmente em sua vertente luterana (*Augustana Graeca*).

Gandhi tentou criar uma ética política que fosse válida em todos os níveis e a praticou, em ampla medida e com resultados positivos, ao longo do tempo de vida que lhe foi dado. Mas ele foi um gigante moral, um gênio ético. Quanto a nós, vivemos numa época diferente e provavelmente temos os líderes que merecemos: anões morais, eticamente subdesenvolvidos. Como disse Einstein: "Pode ser que as gerações vindouras dificilmente acreditem que alguém como Gandhi, em carne e osso, caminhou um dia sobre a Terra".

3. O GANDHI PRÁTICO

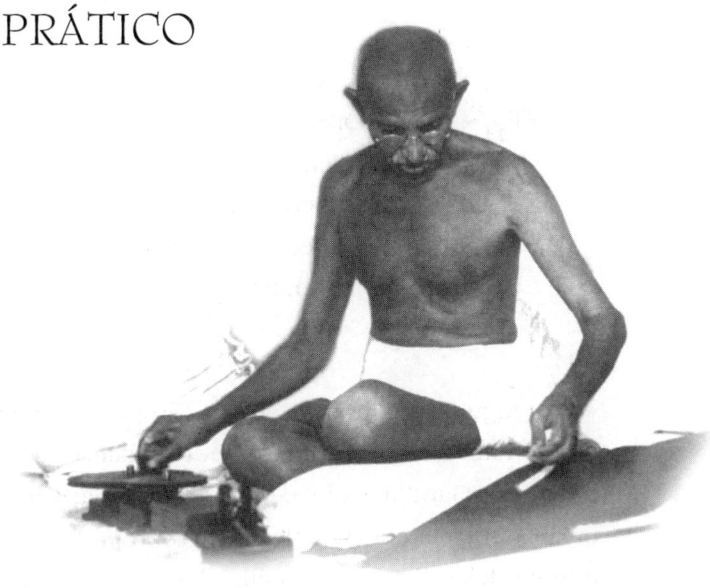

3.1 O *satyagraha* na prática: as formas

Ainda não chegou o tempo de sabermos o que significa o *satyagraha* na prática.

Segue-se uma breve lista das *formas* – o oposto das *normas* – do *satyagraha* tal como nele se empenhou Gandhi, segundo alguns especialistas nessa área (principalmente Kripalani, que compartilha com ele o foco na não-violência negativa).

F_1 : Negociação
F_2 : Arbitragem/mediação
F_3 : Agitação, manifestos, ultimatos
F_4 : *Hartal*
F_5 : Greve e greve geral
F_6 : Piquetes
F_7 : Boicote econômico
F_8 : Boicote social
F_9 : *Dharna*
F_{10} : *Hizrat*

F_{11} : Jejum
F_{12} : Boicote a impostos
F_{13} : Não-cooperação
F_{14} : Desobediência civil
 $F_{14.1}$: Desobediência civil defensiva
 $F_{14.2}$: Desobediência civil ofensiva
F_{15} : Governo paralelo

Alguns dos nomes dessas formas de *satyagraha* soam familiares, outros não. Todos têm de ser adequadamente entendidos à luz da ética política de Gandhi. É óbvio que as formas não são mutuamente excludentes: uma campanha concreta de *satyagraha* pode consistir de qualquer tipo de mistura delas. Em geral, porém, elas são ordenadas partindo das mais brandas para as mais enérgicas, o que significa que em geral se começa com as formas de números mais baixos e talvez se continue até números mais altos, a depender de como se desenvolve o conflito.

F_1 : *Negociação*

Pode parecer estranho incluir a negociação como uma forma de luta num grupo em conflito. Tal inclusão foi feita não só para enfatizar como a norma do *satyagraha* pode se apoiar em negociações, mas também para fazer com que relembremos um ponto importante: com certeza, a maioria dos grupos em luta usará a negociação verbal como forma de embate, se não necessariamente como a única e potencialmente não-violenta.

Potencialmente, mas não de modo inevitável. Pode haver violência psicológica e verbal: as duas andam juntas com facilidade. Portanto, todas as normas para que se deva aderir ao *ahimsa* também pelo comportamento verbal – oral ou escrito – cabem aqui. Aplicam-se à definição, ao diagnóstico e ao mapeamento dos conflitos e também à luta em si (não fira com palavras, não polarize, não entre em escalada). São apropriadas, enfim, para a resolução na qual todas as normas são diretamente aplicáveis ao comportamento verbal.

F_2: *Arbitragem/mediação*

Poderia parecer que uma condição para usar a arbitragem (inclusive a mediação) numa luta onde pelo menos um dos grupos é *satyagraha* seria que a "terceira parte" não fosse tão *terceira parte* assim. A ela se pediria não apenas "objetividade" – no sentido de não ter uma inclinação *a priori* em relação a uma das outras duas partes – mas também que entendesse profundamente ambas, e que tivesse um alto nível de compaixão humana e social. Aproximação em vez de distanciamento; simpatia e empatia, combinando-as com um esforço para ver o conflito à distância; de um nível mais alto, por assim dizer.

As partes em conflito teriam de expressar confiança uma na outra, confiando no intermediário que as aproxima – o árbitro. Mesmo que o julgamento deste não se mostrasse aceitável, ainda assim ele serviria de mediador. Do ponto de vista gandhiano, sua capacidade de fazer isso estaria provavelmente ligada ao seu senso de Unidade-do-Homem, daquilo que une as pessoas acima de qualquer conflito. A partir daí, seria possível supor que Gandhi preferisse árbitros/mediadores com uma certa inclinação religiosa, a menos que isso pudesse levar à intolerância. O ideal seriam os intermediários que ele realmente usou, como os *quakers* ingleses.

Foi um *quaker* britânico que bateu à porta do vice-rei inglês da Índia, Lord Irwin, e entregou a famosa carta anunciando o *satyagraha* pela revogação da lei do sal, se os britânicos não mudassem os seus rumos.

F_3: *Agitação, manifestos, ultimatos*

Nesse nível, o formato do comportamento conflituoso é diferente; trata-se de não apenas comunicar-se diretamente com a outra parte, mas também fazê-lo indiretamente, com apelos a terceiros. Desde que não se recorra à violência, todos os meios são possíveis: a imprensa, o rádio, filmes e, é claro, livros e artigos, palestras e discursos. Se esses meios estiverem proibidos pela repressão do outro lado, será necessário utilizar a tecnologia da comunicação clandestina. Gandhi não pensava muito em imprensa clandestina, mas em algo mais adaptado a uma sociedade densamente povoada e com um alto índice de analfabetismo: todos contam as notícias a dez outros e tentam, todos juntos, treinar a si próprios para evitar rumores e tendenciosidades. Com freqüência, o sistema funcionou surpreendentemente bem.

As manifestações são, com certeza, uma parte dessa fase do *satyagraha*. Um ponto muito importante, porém, é comunicar não só o que está errado mas também o que é desejável, o que se quer – em palavras claras, mas se necessário com muita argumentação.

Do ponto de vista gandhiano, *slogans* simples como "Deixem a Índia" não seriam suficientes. Pode-se incluir um ultimato na comunicação, informando ao outro lado que pode ser necessário *avançar com o satyagraha* se não houver mudanças. Um ultimato deverá ter sempre dois elementos: um de ameaça, que não pertence ao *satyagraha*, pois não-violência quer dizer não ferir nem prejudicar, e outro, que é tornar-se previsível, condizente com o *satyagraha*.

Gandhi tem uma habilidade toda especial de dar às manifestações um conteúdo positivo, de modo que todos possam saber exatamente o que ele defende de maneira construtiva. Pensemos na Marcha do Sal, celebrizada pelo filme *Gandhi*: três semanas de manifestações e agitação, ao fim das quais surgiu o ultimato de Gandhi ao vice-rei, Lord Irwin. É interessante notar como esse homem, que sem dúvida via a si mesmo como tremendamente importante, passaria à história como uma pessoa que um dia recebeu uma carta de um líder, ou seja, reduzido à condição de personagem menor no drama encenado por Gandhi e pelo povo indiano. A pitada de sal apanhada transmitiu a idéia básica: o direito inalienável do povo da Índia aos seus próprios recursos. O transgressor de uma lei injusta tornou-se o herói da história, e o perpetrador da injustiça será lembrado exatamente nessa condição.

Outro exemplo, que na realidade aparece em inúmeros casos, foi o uso do *khaddar*, vestimenta de tecido branco fiado em casa, como símbolo de autoconfiança econômica, não só nos âmbitos nacional e local, mas também no individual.

O propósito geral dessa forma de agir é influenciar a opinião pública, tanto os neutros quanto os membros de outros grupos, para que possam exercer sobre o outro lado uma pressão suficiente para mover de modo criativo o sistema conflituoso na direção da solução.

F_4: *Hartal*

Neste ponto, abre-se uma fase nova e importante. O antagonista já não é exposto apenas à comunicação, mas também a manifestações, o que constitui uma escalada. Concretamente, *hartal* pode ser considerado uma greve geral numa determinada área – uma cidade, por exemplo –, mas de curta duração, coisa de um dia. Nesse contexto, o simbolismo é importante. O *hartal* pode ser realizado como se fosse um festival, em conexão com um dia que se declara o Dia da Independência, por exemplo. Mas também pode assumir o formato de tristeza generalizada, e até mesmo o de um funeral. Em qualquer dos casos, pode basear-se em tradições locais.

O objetivo é conscientizar as pessoas e, além disso, proporcionar uma amostra do que poderia significar uma greve geral de verdade. É semelhante ao que se usa com bastante freqüência no Ocidente: "Cinco minutos de paralisação total do trabalho; pela paz, contra as armas nucleares". Trata-se de um formato que exige, para ser implementado, a participação ativa de sindicatos. Nesse contexto, é importante que tal mobilização seja voluntária e não usada com demasiada freqüência, do contrário se transformaria num ritual e não impressionaria ninguém.

F_5: *Greve e greve geral*

As greves não foram muito usadas num "país menos desenvolvido" como a Índia, pela simples razão de que o proletariado industrial era uma parte muito pequena da população (apenas 6% em 1922).

As greves são utilizadas contra os empregadores, privados, corporativos ou estatais. Uma greve geral abrange todos os empregados de uma certa área, não importando a sua categoria profissional. Em outras palavras, é um *hartal* ampliado. No que a greve gandhiana difere das demais?

Em primeiro lugar, ela deve ser dirigida precisamente contra o empregador que se deseja influenciar. As greves de solidariedade devem ser descartadas, porque introduzem um antagonismo artificial entre duas partes que poderiam, na realidade, ter uma relação harmoniosa.

Em segundo lugar, Gandhi não deseja que as greves sejam usadas como um meio geral de pressionar o outro lado para que ele faça concessões alheias ao contexto que os liga – a relação empregador-empregado. Tal circunstância iria contra a norma da negociação: "Se você não abolir as leis do sal, começarei uma greve nas fábricas de Ahmedabad". Uma proposição assim não tem cabimento num *satyagraha.*

Terceiro: para que uma greve seja lançada, deve haver unanimidade prática por trás dela. Não deve haver discórdias internas no grupo de empregados.

Quarto: os grevistas não devem ir além de suas exigências mínimas, mesmo quando a greve se mostra bem-sucedida. Uma greve é como um contrato que busca conseguir outro contrato. As demandas são apresentadas ao empregador, mas as limitações também são mostradas aos empregados.

F_6 : *Piquetes*

Os piquetes são complementos às greves localizadas e gerais, mas têm uma função adicional. O ideal é que a greve represente uma unanimidade. No entanto, haverá sempre aqueles que tentarão "furá-la" e, assim, enfraquecer sua eficácia. Agem dessa maneira para estar do lado seguro – o do empregador – em caso de fracasso do movimento. Eles também podem, é claro, ser politicamente contra a maioria que propôs a greve, o que significa que há conflito também entre os empregados.

Portanto, quando Gandhi recomenda os piquetes não o faz para forçar os "furões" a se tornarem bons grevistas, mas para debater com eles. O piquete é uma forma de agitação, que tenta fazer com que o outro lado entenda melhor a nossa causa. Se eles não forem convencidos por esse meio, tentar impedi-los de trabalhar não seria *satyagraha.*

Os piquetes foram também usados para um propósito ligeiramente diferente. São ações importantes, não só no caso de greves de empregados contra empregadores, mas também em boicotes de compradores contra vendedores.

Em 1930, durante a campanha do *satyagraha,* as lojas que vendiam ópio e bebidas alcoólicas foram boicotadas; e o boicote não teria sido muito eficaz, se não fosse por um sistema bem organizado de piquetes, executados de preferência por mulheres, que tentavam dissuadir a todos que queriam comprar nessas lojas. O mesmo aconteceu no caso dos têxteis estrangeiros: nos locais em que eles estavam à venda, um *satyagrahi* vestido com *khaddar* estava disposto a dar informações sobre por que não se devia comprar tecidos importados e como obter o *khaddar*.

Nessas circunstâncias, o elemento gandhiano seria a objetividade e a riqueza de informações, que ultrapassavam os *slogans* simplistas. Não é preciso dizer que os piquetes não devem usar a violência, inclusive a verbal. Gandhi também era contra a modalidade de piquete que consiste em formar uma parede viva com pessoas em frente à entrada de uma fábrica ou loja. Uma atitude como essa seria coerção e atrapalharia a conversão, mesmo quando apenas dificultasse, e não impossibilitasse, a entrada.

F_7: *Boicote econômico*

Com o boicote econômico, o *satyagraha* assume um caráter mais sério e abrangente. Essa forma de boicote não é ilegal, pelo menos enquanto o outro lado não pedir às pessoas que comprem certos bens, mas só os disponíveis. Nem é verdade que o boicote econômico leve necessariamente ao sofrimento. O boicote duradouro e abrangente aos tecidos ingleses na Índia teria causado um terrível abalo na população indiana, se não tivesse sido acompanhado pelo movimento *khaddar*. Essa condição era crucial para Gandhi, como já foi muitas vezes assinalado. Em coerência com o *satyagraha*, o boicote econômico deve ser usado para evitar a compra de bens, de modo que o outro lado se torne menos capaz de controlar o mercado e, portanto, menos apto a dominar no sentido amplo do termo.

No entanto, os boicotes devem suscitar um certo sofrimento. Considerando que os bens são necessários ao cotidiano das pessoas comuns, somente o sacrifício mostra que a luta é profunda e séria. Em parte para se tornarem independentes, e em parte para se autoprover, os boicotes devem ser acompanhados de um programa construtivo que produza autorespeito. Como o dos quintais, cozinhas e jardins, que foram parte importante da intifada palestina contra o colonialismo sionista de Israel no fim da década de 1980.

O pressuposto básico por trás do boicote é, evidentemente, que qualquer agente econômico, privado ou capitalista estatal, depende da vontade do mercado para vender seus bens. Na Índia, o boicote foi um golpe pesado nos interesses ingleses. Em 1924, as exportações britânicas para aquele país foram de 90,6 milhões de libras, e diminuiu para 52,9 milhões no boicote de 1930. As exportações de algodão diminuíram 84% no período entre setembro de 1930 e abril de 1931, quando o boicote estava no auge.

Por outro lado, esses acontecimentos provocaram um desemprego entre os trabalhadores têxteis em Lancashire, na Inglaterra, que chegou a 50%, criando uma demanda, tanto entre os empregados quanto entre os empregadores, para que "algo fosse feito". Esse ponto é interessante: mostra como a classe trabalhadora dos países "mais desenvolvidos" tende a se posicionar quando ocorre um conflito com os países "menos desenvolvidos", como aconteceu com os *hard-hats* [trabalhadores que usam capacetes] dos EUA durante a guerra do Vietnã. A visita de Gandhi aos trabalhadores têxteis desempregados em Lancaster para explicar os acontecimentos provavelmente ajudou; Washington não teria permitido nada semelhante partindo dos vietnamitas.

Essa forma tem claramente aspectos tanto do *satyagraha* quanto do *sarvodaya*. Do ponto de vista gandhiano, essa frase seria incorreta: os dois conceitos estão tão entrelaçados que *tem* de ser assim, e isso se aplica às formas anteriores. No entanto, torna-se também claro que um nome mais correto para ela poderia ser boicote/reconstrução econômica, para expressar uma dialética que envolva os aspectos construtivos.

F_8: *Boicote social*

Essa é uma forma problemática. É claramente fronteiriça, pois pode com facilidade entrar em conflito com a importante norma do *satyagraha* de que se deve estar sempre disposto a encontrar-se pessoalmente com o outro lado. O boicote social pode implicar não encontrá-lo, negar-lhe todos os modos de comunicação social, de interação. Quando aplicado pela maioria – ou pelo lado mais forte, contra a minoria, ou o lado mais fraco – o ostracismo social é uma forma horrível de violência. O sistema indiano de castas pode ser considerado uma forma institucionalizada de boicote contra os intocáveis, os párias. O banimento equivale à pena capital, em sociedades nas quais uma pessoa está viva se tem relações sociais.

No contexto de um *satyagraha*, contudo, essa forma pode ser legítima, mas só quando aplicada pela parte mais fraca – a minoria – contra a mais forte. Ela não deve levar ao ostracismo social, ao isolamento completo, pois isso seria contrário à norma básica do contato. Mas pode levar à estigmatização de um *status* social, como ocorreu quando Gandhi anunciou claramente que o Príncipe de Gales deveria ser boicotado como instituição. Ninguém deveria procurá-lo *ex officio*, isto é, em seu papel social. A qualquer momento, porém, Gandhi se declarava disposto a encontrá-lo pessoalmente, de modo direto, fora de qualquer função oficial. É claro que o antagonista pode recusar-se a esse tipo de contato, e nesse caso um boicote de *status* se transforma em boicote pessoal: não apenas a pessoa oficial, mas também a real, sofre o boicote.

F_9: *Dharna*

O *dharna* é uma antiga forma indiana de manifestação. Significa simplesmente que uma pessoa isolada, ou um grupo pequeno, grande, ou mesmo enorme, se senta em algum lugar e anuncia que dali não sairá até que as ofensas que sofreu sejam reparadas, que suas reivindicações sejam atendidas. Há aqui um elemento de *hartal*, de greve, e certamente de manifestação. Ver uma multidão de pessoas imóveis, talvez em silêncio, sem comer ou beber, causou um forte impacto nos ingleses. As condições podem se tornar tão más que é preferível o *dharna*, com os sofrimentos nele envolvidos, do que cooperar com o antagonista. Combinada com o jejum, essa é uma forma muito avançada de *satyagraha*.

Uma questão básica é onde sentar. É claro que é tentador descobrir um lugar que bloqueie a rua e evite que o antagonista chegue à sua casa, ao seu escritório. Mas também é claro que essa postura poderia facilmente se transformar em ato de provocação e também de coerção. Em fevereiro de 1922, na Universidade de Calcutá, alguns alunos se deitaram nos corredores para evitar que seus adversários não-grevistas fossem às aulas. Preferiram ser pisoteados, sofrendo as dores com um sorriso e não revidando, a permitir que eles fossem para as salas de aula. Gandhi era veementemente contra essa atitude, pois ela incitava o outro lado a praticar um delito que estava fora do campo da desavença e, além disso, incluía um elemento de coerção. O *dharna* deve ser uma demonstração, uma expressão pública do sofrimento do grupo *satyagraha*. Deve basear-se no sacrifício pessoal, não em coagir o antagonista utilizando o próprio corpo como uma espécie de barricada. "Marchem sobre os nossos corpos. Não levantaremos um dedo em autodefesa." Segundo Gandhi, essa poderia ser uma forma de *satyagraha*. A questão é onde fica essa parede humana: atravessada no caminho, bloqueando o antagonista, ou às margens da trilha, em manifestação. E, por falar nisso, por que apenas *sentar*? Por que não cantar, como fizeram os estonianos em 1989, durante suas muitas ações não-violentas contra o partido comunista e os russos?

F_{10}: *Hizrat*

Trata-se também de uma forma antiga, uma expressão de não-cooperação. A palavra é árabe e se refere à fuga do Profeta Maomé de Meca para Medina, por não ter cedido à tirania à qual estava exposto em Meca. *Hizrat* significa emigração em massa da área controlada pelo antagonista. Deve incluir todos os atingidos pelo conflito e precisa ser tão completa quanto possível para ser eficaz. É difícil imaginar uma expressão mais consistente da idéia de negar ao antagonista o objeto de suas ações maléficas: tais objetos, as pessoas, já não estão lá. Preferem retirar-se do que é seu à exploração/repressão continuada. Essa foi também a forma mais usada pelo povo da Alemanha Oriental nos meses anteriores ao colapso.

Mas há um problema: o contato é rompido, e não pode haver qualquer confiança numa solução se não houver disposição para voltar no momento em que a situação se tornar mais aceitável. Uma questão mais básica é que o *hizrat* não se ajusta à norma fundamental do *satyagraha* que diz que as ações devem revelar os objetivos. O objetivo do grupo *satyagraha* dificilmente é emigrar, viver longe de sua própria casa. A meta é viver em casa com dignidade. O *hizrat* oculta os propósitos.

Todavia, durante o *satyagraha* em Bardoli, em 1919, os habitantes emigraram para o território do príncipe mais próximo. Em 1920, milhares de muçulmanos do noroeste da Índia seguiram o exemplo do Profeta e migraram para o Afeganistão, onde não foram bem recebidos. Alguns deles foram mortos e os demais tiveram de voltar, porque os afegãos temiam a superpopulação. O *hizrat* define claramente *de* onde emigrar, mas não *para* onde emigrar. Tem de existir esse lugar – como ficou nitidamente demonstrado no caso dos judeus, que ainda procuram um local onde sejam bem-vindos após o seu *hizrat* para a diáspora, o *Golah*, o exílio. Uma resposta, tanto para os israelenses quanto para os palestinos da diáspora, seria *retornar*. Se ambos retornarem, porém, esse lugar ficará superpovoado.

F_{11}: *Jejum*

Trata-se de uma forma bastante controvertida de *satyagraha*, pois conduz com muita facilidade à coerção em vez de conversão. O próprio Gandhi freqüentemente usou o jejum como forma de luta, em 1919, 1924, 1932, 1933, 1939, 1943 e, finalmente, em janeiro de 1948. Porém, deve-se entender que, quando ele agiu assim, o fez também para limpar e purificar a sua própria personalidade, para se qualificar para o *satyagraha*, concentrando a atenção em objetivos mais altos que a ingestão de comida. Quando usado por Gandhi, o jejum não era orientado contra os outros, mas contra ele mesmo, embora essa diferença possa não ser tão óbvia para quem está do outro lado.

O jejum pode ser individual ou coletivo; pode durar um curto período ou ser prolongado. Pode ir até a morte ou não. Pode envolver apenas a comida (nesse caso a morte viria em um mês) ou também a água (caso em que a morte ocorreria em uma semana). Uma vantagem técnica do jejum é que a morte pela fome se dá lentamente e a comunicação é possível quase até o fim. O antagonista tem muitas possibilidades de reconciliar-se, pela conversão, pela coerção ou por ambas.

Vejamos o que o próprio Gandhi escreveu sobre o jejum:

> O jejum até a morte é parte integral do programa do *satyagraha*... (*Dhawan*, pág. 143)

> Num jejum puro não pode haver lugar para o egoísmo, a raiva, a falta de fé ou a impaciência... São necessárias paciência infinita, determinação firme, sinceridade de propósitos, calma perfeita e nenhuma ira. Entretanto, considerando que é impossível para uma pessoa desenvolver todas essas qualidades de

uma só vez, ninguém que não se dedicou a seguir as leis do *ahimsa* deveria empreender um jejum *satyagraha*. (*Harijan*, 13.10.1940)

Essas citações exprimem com muita clareza três pontos sobre o jejum como Gandhi o concebe. Primeiro: não há dúvida de que se trata de uma técnica exclusiva, reservada aos particularmente bem dotados, não apenas moralmente mas também fisicamente. O treinamento é em geral uma condição prévia. Acima de tudo, o jejum é para os que têm um certo *status*. Não é para aqueles cuja lenta debilitação, devida à recusa de comer e/ou beber, fracassa em causar qualquer impressão porque são desconhecidos demais, simples rostos anônimos na multidão. Afinal de contas, 40.000 crianças morrem anualmente de desnutrição, sem necessariamente "sensibilizar consciências apáticas".

Segundo: como foi mencionado antes, o jejum faz parte do *brahmacharya*, que é um meio de obter o autocontrole, a autopurificação. E, em terceiro lugar, seu objetivo é converter o outro lado por meio do sacrifício que envolve. A segunda citação acima mostra isso com clareza: nela há até mesmo um elemento de desafio. Gandhi não aceita o contra-argumento de que o jejum pode ser interpretado como um meio de pressão. Ao contrário, uma pressão moral como essa deve ser *bem recebida* por todos os envolvidos.

Ainda assim, conforme foi dito, esse é o ponto exato ao qual se dirigem as críticas. Já não há nenhuma opção; o antagonista não tem escolha. Se o jejum resultar realmente em morte, o antagonista pode se sentir moralmente degradado e se tornar ainda mais recalcitrante. Pensemos na Sra. Thatcher, da Inglaterra, em relação às pessoas do IRA [Exército Revolucionário Irlandês] que jejuaram até morrer. Se ela tivesse cedido, essa não seria a expressão de uma atitude aceita, mas uma forma tática de escapar de uma situação difícil, dado que tal circunstância vai contra a teoria geral do *satyagraha*. Nesse particular, Gandhi pode parecer contraditório.

Mas ele tem uma saída:

> O jejum sensibiliza consciências apáticas e faz com que corações dedicados entrem em ação.

Em outras palavras, ele acredita que numa situação fundamental como essa já não há lugar para a coerção. Ambas as partes foram conduzidas a um nível de consciência mais alto. Os corações se tornam dedicados e a ação correta será o resultado inevitável, pois os seres humanos envolvidos não são mais os mesmos. Assim, em seu último jejum, em janeiro de 1948, ele apresentou um ultimato ao novo governo indiano em Délhi, para que fosse paga uma alta soma de dinheiro ao Paquistão. Essa providência foi tomada, mas houve também o argumento de que sua ação foi imoral e não-democrática, porque ele coagiu o governo com sua autoridade excepcional. Gandhi replicou dizendo que o jejum é algo que só deve ser usado em circunstâncias especiais, e somente por quem domina com perfeição a sua técnica. É evidente que ele via a si próprio a essa luz: o *karmayogi* a quem se aplicavam outras normas e demandas mais fortes. Resta saber se o outro lado concordou com isso.

F_{12}: *Boicote a impostos*

Aqui o conteúdo é muito simples e atinge o Estado moderno em seu próprio âmago: a recusa ao pagamento de impostos, seja um ou todos, só uma percentagem ou a quantia total. O Estado atual não pode viver sem taxas. Pode até ser considerado uma construção cuja principal razão de ser é precisamente coletar impostos e depois gastar – alguns diriam desperdiçar – o dinheiro.

Um possível ponto fraco da recusa a pagar impostos é que ela pode enriquecer a pessoa que exerce essa negação e não leva a nenhum sacrifício. Mas há, evidentemente, duas saídas para essa situação: o dinheiro dos impostos pode ser posto num fundo à disposição de outras pessoas e destinado a um propósito construtivo. Ou, possivelmente, posto à disposição do antagonista (o Estado) *após* a resolução do conflito. Portanto, há uma forte possibilidade de que o grupo *satyagraha* seja exposto a sanções rigorosas por negar-se a pagar impostos, apesar de sua capacidade de sacrifício ter sido previamente solicitada. Contudo, uma condição para que essa atitude tenha efeito moral é que a disposição de não pagar seja voluntária. No cálculo moral do *satyagraha*, só o sacrifício livremente aceito ou auto-induzido conta.

F_{13}: *Não-cooperação*

Trata-se de uma generalização da recusa a pagar impostos – um importante passo à frente na elaboração do *satyagraha*.

A teoria da não-cooperação é simples. É uma forma de pôr em prática a norma de que o malfeitor deve ser privado do objeto de seu mal. Em qualquer ação maléfica há um elemento de cooperação de todos os que, por meio de seus afazeres diários e sua condição de cidadãos, apóiam estruturas e ações erradas. Não cooperar significa exatamente isso: dizer *não*, não apenas com palavras, mas também com ações a esse tipo de cooperação. Gandhi dá exemplos: quando um pai comete uma injustiça, é dever do filho deixar a casa paterna. Quando um professor age segundo princípios imorais, os alunos têm de deixar as aulas. Se o presidente de uma corporação é corrupto, seus membros devem deixá-la para se livrar dessa corrupção. Esse é exatamente o caso dos governados de um país no qual o governo cometeu uma injustiça importante: eles têm de recusar-se, no todo ou em parte, a qualquer espécie de cooperação, custe o que custar. E devem fazê-lo com a intensidade suficiente para romper com o governo e sua maldade. É evidente que tal atitude sacrifica corpo e alma, mas a liberdade não pode ser conseguida sem sofrimento.

É óbvio que a condição para a não-cooperação é que a injustiça perpetrada pelo outro lado seja básica, no sentido de que ela frustra as necessidades fundamentais. Além do mais, é preciso que a grande maioria dos expostos às ações maléficas se empenhe nas ações do *satyagraha*. Seja o sindicato dos empregadores (a classe capitalista, do ponto de vista marxista), um exército de ocupação, ou o próprio governo de um país, todos esses sistemas dependem da cooperação com o seu poder para que este seja exercido. De acordo com a lei do *ahimsa*, se o mal é exercido, torna-se obrigatório privar o malfeitor do objeto de sua ação por meio da recusa a qualquer espécie de cooperação.

Não cooperar não significa infringir a lei. O momento para isso não é mais F_{13}, mas sim F_{14}, a desobediência civil. Trata-se de não requerer um cargo disponível, ou de demitir-se, com ou sem justificativa. Gandhi elaborou a seguinte lista, como exemplo de uma campanha de não-cooperação:

(1) Recusa de comendas e títulos honoríficos;
(2) Boicote a empréstimos governamentais;
(3) Boicote a tribunais (neste caso, as partes teriam de utilizar arbitragem privada);
(4) Boicote a escolas e universidades públicas;
(5) Boicote a parlamentares, pela não-apresentação de candidatos a eleições;
(6) Boicote a serviços governamentais, não pleiteando empregos;
(7) Boicote (um caso especial do item acima) ao exército e à polícia;
(8) Boicote a todos os bancos ingleses, companhias de seguro, outros tipos de companhia e assim por diante.

Nada disso é ilegal, a menos que o outro lado torne obrigatória a participação em todas essas instituições. Entretanto, essa espécie de repressão o enfraquecerá aos olhos dos neutros e talvez aos seus próprios olhos. Além disso, os *satyagrahis* se transformam em mártires nas mãos do oponente. A não-cooperação implica sempre renúncia: consideráveis sacrifícios econômicos, por exemplo, mas sempre autocontrolados.

A não-cooperação não é um ataque direto ao antagonista, mas certamente destina-se a dificultar-lhe o exercício do poder. É claro que ele reagirá, chamando os seus, preenchendo tanto quanto possível as posições com os que lhe são leais. Essas providências podem funcionar ou não; em qualquer dos casos, resultarão em mais polarização e, portanto, podem facilmente levar ao boicote social, com todos os problemas que ele acarreta (ver item F_8). A linha entre a não-cooperação com o antagonista em seu papel social inaceitável e um simples relacionamento pessoal é tênue e nebulosa. Num conflito, romper a crosta dos papéis sociais e chegar à pessoa, ao ser humano, é difícil para ambos os lados. Esse é o problema da fraternização. Por ele ser tão complicado, é também muito freqüentemente desaprovado e rotulado como um comportamento conflituoso legítimo. Seja como for, o modo *satyagraha* de fazer isso seria lutar de tal maneira que se torne possível – e até mesmo fácil – cooperar de novo assim que a luta termine, quando o conflito estiver resolvido.

F_{14}: *Desobediência civil*

Pela lógica, esse é o próximo passo. A expressão "desobediência civil" foi provavelmente usada pela primeira vez em 1849 pelo filósofo e escritor Henry Thoreau, que foi preso por ter se recusado a pagar impostos ao governo, como forma de protesto contra a escravidão. Também transgrediu a lei que proibia as pessoas de ajudar afro-americanos fugidos. Tais ações foram por ele chamadas de "desobediência civil", o contrário de "desobediência criminal".

No próprio Gandhi, é possível encontrar a mesma espécie de pensamento, aliás muito influenciado por Thoreau:

> A desobediência civil é um direito inerente ao cidadão. Ela nunca se acompanha de anarquia, como acontece com a desobediência criminal. Todo Estado debela a desobediência criminal pela força. Morre se não o fizer. (*The Mind of Mahatma Gandhi* [*A Mente do Mahatma Gandhi*] pág. 74)

Ele prossegue mostrando que suprimir a desobediência civil seria como pôr a própria consciência na prisão.

Como foi dito acima, esse é um passo – e muito importante – além de F_{13}: *as leis são transgredidas*. Segundo Gandhi, a condição para violá-las é a capacidade de ser um cidadão legítimo e obediente, de viver de acordo com as leis. Aqui, sentimos a influência da importante norma que diz que quem é leal deve provar sua capacidade para sê-lo. A desobediência civil é reservada para aqueles que têm as qualificações necessárias. É só dessa maneira, precisamente, que ela se torna o próprio oposto da desobediência criminal. A infração criminal da lei é um ato secreto: há um esforço de ocultação. Um criminoso tenta escapar à punição. A desobediência civil ocorre à luz do dia, por assim dizer, à vista de todos. O *satyagrahi* que infringe a lei está disposto a assumir a punição que seu ato implica; a ser detido e aprisionado, mostrando assim o sacrifício que essa ação lhe exige. Ele se declarará culpado por ter violado as leis do antagonista, mas também explicará calmamente por que o fez.

Seria possível supor que os efeitos são quase os mesmos que no caso de F_{13}, só que um pouco mais fortes. As sanções serão mais rigorosas. O antagonista é posto contra a parede e tem de agir; não pode ficar passivo vendo as suas próprias leis serem transgredidas. Neste ponto, há uma diferença importante entre a desobediência civil defensiva e a ofensiva, que será explicada a seguir.

$F_{14.1}$: *Desobediência civil defensiva*

Essa forma de violar a lei é dirigida principalmente contra leis humilhantes, empobrecedoras, autoritárias, como as que expressam a discriminação racial e as leis contra a liberdade de expressão e de reunião. Na condição de desobediência civil, essa é uma forma de *defesa*, pois protege o grupo *satyagraha* contra o abuso do poder por parte do oponente. Qualquer campanha que empregue a desobediência civil deve começar com essas leis, pois aqui é o lugar onde os sentimentos do grupo *satyagraha* alcançam seu maior vigor. É também o ponto no qual o antagonista é moralmente mais fraco, a seus próprios olhos e aos olhos dos neutros. Ademais, é dever moral do cidadão transgredir uma lei que a maioria considera má, como ocorre, por exemplo, quando ela é incompatível com os direitos humanos.

$F_{14.2}$: *Desobediência civil ofensiva*

Essa forma representa um importante passo à frente, porque o *satyagrahi* agora infringe leis não porque elas sejam particularmente más ou levem a dificuldades específicas. Ele as transgride simplesmente porque quer quebrar o poder do governo, independentemente de se as leis, quando consideradas uma a uma, sejam boas ou más. Isso não significa que os *satyagrahis* devam sempre atravessar a rua com o sinal vermelho. Mas escolherão por si mesmos as regras que querem violar, e comunicarão claramente ao antagonista que não se sentem obrigados por seu sistema legal ou aparelho jurídico. O que está em jogo é a legitimidade do legislador, não as leis, pois elas constituem o sistema legal de um governo mau e equivocado. O governo é afrontado por meio do desafio às suas normas.

Uma dificuldade em relação a $F_{14.2}$ é que infringir leis pode induzir ao hábito. Os *satyagrahis* podem se "viciar" num modo de vida transgressor. Ele é excitante, dá grande prestígio aos próprios grupos, e assim o *satyagrahi* tenderá a vê-lo como positivo, pois a anarquia é considerada um mal menor. Tal situação terá de ser contrabalançada por uma forte disciplina por parte dos líderes, que usarão *satyagrahis* muito bem escolhidos para essa espécie de transgressão ofensiva. Precisam também escolher quais as leis que são particularmente adequadas para esse propósito ou, ainda, suspender a submissão, na qual se baseia o governo antagonista. A desobediência civil ofensiva ocultaria e não revelaria os objetivos.

F_{15}: *Governo paralelo*

Trata-se de uma seqüência das duas formas anteriores; é, por assim dizer, o auge, a conseqüência lógica do *satyagraha* quando tudo o mais fracassa. Depois de haver tornado ineficaz a estrutura dominada pelo antagonista, por meio da não-associação e da desobediência civil, e tendo mostrado ao oponente a total rejeição de seu governo e de suas leis, o próximo passo é substituir essa instituição por uma própria, tanto quanto necessário e tanto quanto possível.

"Governo paralelo" é a última forma desta lista, o que não significa necessariamente que seja a mais eficaz, no sentido de que funcionará sobre o antagonista não importando a espécie de sanções que ele possa usar. Entretanto, praticar o F_{15} significa que o *satyagrahi* chegou ao máximo que pôde. Não somente rompeu com o antagonista como o tornou supérfluo. Para o *satyagraha* essa é uma posição radical, que reduz as possibilidades de cooperação posterior quando sua necessidade diminuir. No entanto, se posto em prática, o F_{15} o enfraquecerá moralmente ainda mais. Tomemos um exemplo simples dos dias da revolução estudantil. Uma coisa é boicotar a aula de um professor que, segundo os alunos, equivocou-se completamente em relação à sua área e seu trabalho. Isso magoa. Porém, o que fere ainda mais é organizar aulas e cursos paralelos, não chamando um professor alternativo, mas aprofundando-se tanto nos assuntos acadêmicos que os próprios alunos se tornem capazes de organizar uma alternativa educacional adequada.

De F_4 em diante, existe uma relação entre o governo paralelo e outras formas. Em todas elas, coisas que costumavam funcionar são interrompidas. O governo paralelo é uma maneira de pô-las outra vez em funcionamento, mas agora não segundo princípios *destinados* às pessoas, mas também elaborados *por* elas, ou seja, pelos novos governantes.

Essa circunstância ultrapassa em muito o "trabalho construtivo" que sempre se supõe acompanhar uma ação *satyagraha*. O governo paralelo não é só uma questão de executar algumas tarefas importantes numa sociedade, mas de assumir o controle dessa sociedade. Trata-se de um treinamento não só para ser construtivo, mas também para a lealdade, para a capacidade de manter as leis, de ser ao mesmo tempo governante e governado. Portanto, numa determinada luta ele deve ser introduzido mais ou menos cedo em algumas áreas, para que o *satyagrahi* seja desde o primeiro momento forçado à disciplina e à obediência, e para que não se habitue à empolgação de violar as leis, expondo-se assim a perigos. Governo paralelo é autoconfiança, e esta pressupõe e produz auto-respeito, autonomia e audácia.

3.2 Sobre as estratégias do *satyagraha*

Tentemos agora ver esta lista – até agora relativamente não-sistemática – com os olhos de um cientista social. O problema não é só desenvolver uma tipologia, um tipo de classificação, mas chegar a *insights* mais profundos sobre os mecanismos do *satyagraha* e, acima de tudo, a uma teoria que aponte para novas formas de *satyagraha* e não se limite a classificar as antigas. Essa é a vantagem da abordagem normativa: o que define o *satya* são as normas, não as formas.

A primeira e um tanto trivial distinção que poderia ser feita entre essas quinze formas já foi estabelecida no texto, e agora será formulada um pouco mais explicitamente. Consiste em uma divisão em três grupos: a) as *formas mais brandas* (de F_1 a F_3); b) as *mais enérgicas* (de F_4 a F_{10}); c) e as *formas extremas* (de F_{11} a F_{15}). É evidente que há boicotes econômicos consideravelmente mais enérgicos que um jejum. De um modo geral, porém, essa classificação é útil como ponto de partida.

Há uma segunda maneira de considerar as formas, que consiste em vê-las em termos de conteúdo. Mencionei várias vezes antes que uma forma pode constituir uma elaboração mais avançada ou uma extensão de outra. Isso indica que podem existir *famílias* de formas, com representantes em mais que um dos três grupos há pouco citados. Mais concretamente, parecem existir quatro famílias:

Primeira. Há uma família (branda) de formas cuja tarefa é, por meio de palavras, *mapear a situação conflituosa.* Esses mapas conflituosos devem incluir uma fórmula mutuamente aceita de resolução, ou seja, um futuro social. É impossível mapear um conflito sem comunicação e negociação. Se for necessária uma terceira parte – caso as originais entrem num impasse – terão de ser acrescentadas arbitragens e mediação.

Segunda. Existe uma família (branda, enérgica e extrema) cuja tarefa é chamar a atenção para os temas dos conflitos, e também para o que pode ser feito de maneira calma, verbal. Ela inclui, é claro, a agitação/manifestos/ultimatos e funciona via *dharna* (manifestação com pessoas sentadas) e também por meio do *hizrat* (emigração em massa) e do jejum, se necessário até a morte.

Terceira. Há uma grande família que consiste apenas de formas enérgicas e extremas. Sua tarefa é *lutar contra o antagonista de maneira não-violenta,* abalando os alicerces do exercício do poder, retirando-se dele de vários modos num espírito de auto-respeito e audácia e, acima de tudo, num ânimo de autoconfiança. O principal tema dessa família é a *não-cooperação.* Dado que sua estrutura é complicada, pode-se usar um diagrama:

Tabela 8. A família 3ª das formas do *satyagraha*

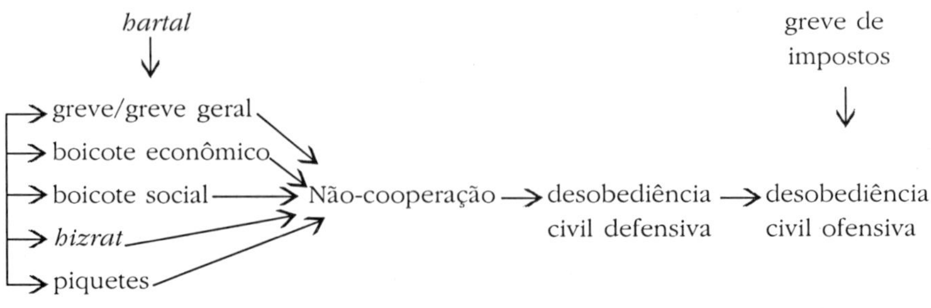

Numa ponta está o *hartal*, situado em algum lugar da fronteira entre a manifestação e a greve geral, mas limitado em termos de tempo e geralmente também de espaço. Na outra extremidade situa-se todo o espectro da desobediência civil ofensiva, com a greve de impostos como um de seus componentes. A família tem nove membros. *O satyagraha* é o mais bem conhecido, mas as primeiras duas famílias certamente não devem ser esquecidas. São conhecidas na política democrática convencional, mas todas têm inclinação gandhiana.

Deve-se notar que ao todo temos agora quinze membros nas famílias, porque o *hizrat* foi contado duas vezes; ele é tanto um modo extremo de chamar atenção para o conflito quanto uma forma de luta. A desobediência civil também aparece em ambas as formas.

Quarta. A par dessas três famílias, há o elemento do *governo paralelo*, em geral, e todo tipo de *trabalho construtivo* em particular. Isso possibilita a formulação de um plano geral para a estratégia de um *satyagraha:*

Tabela 9. As quatro famílias de *satyagraha* em ação num conflito

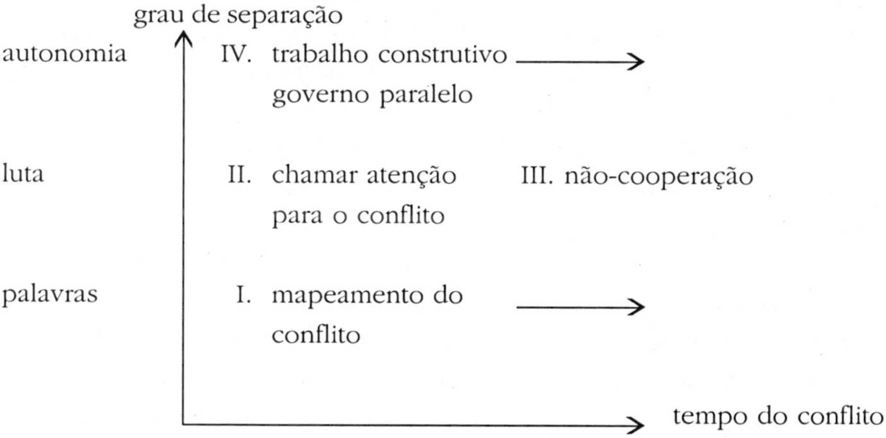

Nesse pequeno diagrama o leitor encontrará todas as quatro famílias, identificadas por algarismos romanos e pelo nome que lhes foi dado neste texto. Elas foram organizadas de acordo com duas diretrizes: tempo (que significa *tempo de conflito*) e *grau de separação* entre as duas partes. É óbvio que a primeira família se caracteriza pela proximidade: tudo é feito por meio de palavras, de um modo cuidadoso, não violento, se possível sem o auxílio de terceiros. A seguir vem a luta, que se divide em duas fases: a) chamar atenção para o conflito; b) e, se isso for insuficiente, passar à não-cooperação.

Durante todo esse tempo as negociações continuam, com ou sem a ajuda de uma terceira parte. Mas há algo mais que se mantém o tempo inteiro: a quarta família, representada pelo trabalho construtivo e pelo governo paralelo, que sinalizam um nível de autonomia inatingível nas famílias I, II e III, pois mesmo a não-cooperação tem como condição algum tipo de relacionamento com a outra parte. A autonomia é edificada – na verdade, é cultivada – pelo trabalho construtivo e pelo governo paralelo. Tudo isso é feito de tal maneira que a totalidade do processo pode ser interrompida a qualquer momento e a situação pode ser "normalizada"; mas não no sentido de voltar ao que existia antes da deflagração do conflito, mas no de chegar a uma resolução na qual as famílias II e III já não estejam atuando. A família I pode ter de continuar e a IV pode ter um importante papel na nova ordem social, como acontece quando os filhos deixam a casa dos pais e constituem suas próprias famílias.

No diagrama, pode-se observar que a conseqüência lógica do *satyagraha*, como foi freqüentemente assinalado neste texto, é o *sarvodaya*. A "melhoria social" significaria, então, não apenas a autonomia das aldeias, mas também a autonomia dos *indivíduos*; todos eles empenhados em seu "trabalho construtivo" e no "governo paralelo", no sentido de autônomo, como algo que acompanha a propaganda de sua causa e de sua não-cooperação.

Isso significa que é preciso que haja um corretivo; alguma forma de reunir de novo as pessoas após o fim da luta. Isso está implícito na noção de governo paralelo: ele não se destina apenas ao grupo *satyagraha*; é um convite aberto ao antagonista para que participe, desde que o faça em condições de igualdade. Ele pode não gostar. Mas também pode vir e construir uma Comunidade, não um império; uma estrutura como as Nações Unidas, não um superpoder dominador, explorador e repressor.

Entretanto, podemos ir além disso em nosso esforço para entender as formas do *satyagraha* num nível mais profundo. Mais uma vez, é preciso reconhecer com muita clareza que o *satyagraha* é um modo de exercer poder. *O satyagraha é uma retomada da política por meios não-violentos.* Foi assinalado acima que a abordagem gandhiana ao poder não se baseia em poder-sobre-os-outros, mas sim em poder sobre-si-mesmo. Mas essas categorias não se excluem mutuamente: Gandhi aperfeiçoou o autopoder por meio do jejum, por exemplo, para se fortalecer no exercício do poder-sobre os outros. Posto em termos menos dramáticos: trata-se de uma questão de exercer influência. Como pode ela ser exercida não-violentamente?

3.3 Não-violência negativa e positiva

Influência é conseguir que as pessoas façam uma coisa e não outra. É um aspecto bem conhecido das relações humanas em geral, entre pais e filhos, entre amigos, entre sacerdotes e suas congregações, professores e alunos, médicos e pacientes, carcereiros e detentos, políticos e eleitores, burocratas e governados, profissionais e clientes, vendedores e compradores, escritores e leitores, entre países e assim por diante. A influência percorre caminhos de mão dupla. Os pais influenciam os filhos e vice-versa, chegando até ao ponto em que os filhos educam os pais, os "criam".

Há duas abordagens quando se influencia os outros. Uma é *negativa*: consiste em tentar fazer com que eles se mantenham longe de certas ações não desejadas. A outra é *positiva*: consiste em tentar fazer com que eles se juntem a ações desejadas. Em uma metáfora, podemos imaginar a outra pessoa como dotada de um vasto leque de possibilidades: um *espaço de ação*. A influência então se torna uma questão de guiá-la para longe de certas regiões desse espaço e para perto de outras, ou mesmo de um ponto determinado.

Mas o que pode dirigi-la? O que faz com que uma pessoa, quando isso é possível, escolha uma ação em vez de outras? Podemos sugerir que um primeiro fator é o que é *fisicamente possível* pelas leis naturais. Em segundo lugar, vem o que é *biologicamente possível*, dadas as capacidades específicas daquela pessoa. Assim, muitas ações não são empreendidas pela simples razão de que alguns indivíduos não são suficientemente fortes, não correm com bastante velocidade, não pulam alto o suficiente, etc. Em terceiro lugar, vem o que é *cognitivamente possível*. Trata-se de uma questão de intelecto, conhecimento e experiência do quanto a pessoa percebe o espaço de ação, e de como não o percebe ou só o faz de modo confuso.

Assim, o perigo da violência na televisão é que ela expande o espaço de ação dos espectadores em direções infelizes, ensinando-os a serem violentos em certas situações. Poderíamos acrescentar: não ensinando aos espectadores todas as possibilidades não-violentas das mesmas situações ou semelhantes.

Quarto, quinto e sexto: o que é *axiologicamente possível*, ou seja, uma questão de valores. Há outros três fatores que influenciam as escolhas de ação de uma pessoa. Têm a ver com o que ela obtém dessa escolha em termos de valores positivos ou negativos. Se ela rouba uma maçã, todos os três aspectos estruturam muito claramente o seu espaço de ação. A maçã simplesmente pode ter um gosto bom, mas pode também estar podre ou ter sido pulverizada com pesticida até o ponto de intoxicar o ladrão. Ele pode ter boa consciência, ter orgulho de concordar com as normas de uma gangue delinqüente. Mas também pode ter má consciência porque viola uma norma de todas as religiões, o sétimo mandamento judaico-cristão. Pode ainda ser recompensado por sua pequena gangue de jovens, com aplausos e uma eleição para a presidência da noite. Mas também pode ser punido pelo dono do pomar, que chegou justo a tempo de pegá-lo antes que ele pule a cerca (que imaginamos ser suficientemente baixa para permitir que ele a escale com sua capacidade biológica).

Façamos um esforço de síntese para abranger os doze fatores que influenciam a escolha de uma ação:

Tabela 10. Padrões de Influência

Dimensão da influência	Influência negativa	Influência positiva
1. Física	1. Aumento das coerções	1. Decréscimo das coerções
2. Biológica	2. Redução das capacidades humanas	2. Ampliação das capacidades humanas
3. Cognitiva	3. Desaprendizado de velhas possibilidades de ação	3. Aprendizagem de novas possibilidades
4. Valor intrínseco	4. Baseado em disforias; mau em si	4. Baseado em euforia; bom em si
5. Valor internalizado	5. Baseado em má consciência	5. Baseado na boa consciência
6. Valor institucionalizado	6. Baseado na punição	6. Baseado em recompensas

Do lado negativo estão as três técnicas mais drásticas da influência humana, se elas forem interpretadas no sentido extremo: a coerção física total chamada de isolamento (prisão e asilos), a incapacidade biológica completa chamada de morte, e a desaprendizagem total – a lavagem cerebral. Até agora, esta última é a menos desenvolvida. Se essas três técnicas, isoladas ou em combinação, forem aplicadas de maneira a eliminar todas as ações indesejadas, as três coerções de valor não desempenham nenhum papel. Entretanto, se for deixada alguma margem após o funcionamento das três primeiras, tais coerções se tornam operativas e podem estreitar a gama de ações até zero, uma ou várias – o que significa inação, uma ação ou uma *escolha.*

Agora é possível fazer uma consideração básica sobre a ação verdadeiramente não-violenta. Não-violência é mais do que "não causar danos"; é também uma atitude construtiva, pois proporciona uma abordagem positiva ao que é negativo. A distinção entre as abordagens *negativa* e *positiva* é crucial. Porém, a teoria social tem estado tão preocupada com a divisão em *tipos de influência* que essa diferenciação é com freqüência desconsiderada. Encontram-se referências à boa consciência *versus* má consciência e sanções positivas *versus* negativas, etc. Mas não esforços para elaborar teorias que penetrem naquilo que os sistemas sociais, as organizações ou mesmo as sociedades manifestariam, se fossem organizadas em torno de uma ou outra dessas abordagens. O velho debate sobre onde está a fronteira entre a violência e a não-violência pode tornar-se útil nesse contexto.

Deixando de lado a dimensão física, baseada nas leis da natureza, esse exercício poderia levar a quatro conceitos de violência crescentemente amplos.

(1) *Violência como incapacidade biológica.* Este conceito é provavelmente o mais usado, embora seja com freqüência classificado como "direto" e "intencional". Liga-se à idéia de saúde: a violência como redução deliberada da saúde.
(2) *Violência pela redução do espaço de ação percebido.* Este conceito poderia também incluir técnicas como lavagem cerebral – a lobotomia, por exemplo –, com diminuição do espaço de ação a tal ponto que não seja necessária nenhuma outra forma de influência.

(3) *Violência como influência negativa*. Aqui seria possível incluir todos os demais esforços para diminuir a probabilidade de escolha da ação incorreta.

(4) *Violência como influência*. Incluem-se aqui todos os esforços no sentido de influenciar, com o argumento de que qualquer influência interfere no livre-arbítrio.

Voltemos agora a atenção para a não-violência, que de alguma forma é o oposto da violência. Vimos quatro conceitos diferentes de violência. Devemos trabalhar com quatro diferentes conceitos de não-violência? Não necessariamente. Alguns deles podem parecer tão extremados que seriam inadequados para qualquer propósito, tanto teórico quanto prático.

Assim, a não-violência como o oposto do conceito mais limitado de violência, baseado somente na incapacidade corporal ou na privação da saúde, tem um significado muito restrito. O conceito correspondente de não-violência *biológica/somática*, que poderíamos chamar de conceito *restrito* de não-violência, não tem maior relevância.

Por outro lado, é genérico demais considerar violência qualquer espécie de influência, qualquer maneira de tentar dirigir o curso da ação de alguém. De modo análogo, seria um conceito de não-violência que excluísse qualquer esforço para influenciar outras pessoas. Ele poderia ser considerado *vazio*. Posto em prática, se transformaria em "não-resistência". Nem mesmo chegaria a ser uma "resistência passiva". De acordo com tal conceito, as ações humanas só seriam aceitas sempre e quando não influenciassem os outros em suas escolhas de ação. Deveria também ser rejeitado por ser irrelevante, pois não pertence a um mundo no qual a interdependência humana é tanto inevitável quanto desejável. É vazio porque qualquer interação contém elementos de influência. Nenhuma ação ou diálogo pode ser inteiramente neutro em termos de valores para seus participantes: só se consumam no isolamento, na reclusão voluntária do eremita.

Restam dois conceitos de violência e, conseqüentemente, dois de não-violência. Ambos são úteis. Na verdade, são indispensáveis a qualquer análise.

O conceito *negativo* de *não-violência* corresponde a todos os esforços – com exceção de qualquer espécie de incapacitação corporal – que visem a influenciar a outra parte, dificultando-lhe a execução de ações que desaprova um grupo não-violento. A *não-violência positiva* equivale a qualquer esforço, de novo com exceção de qualquer tipo de incapacitação física, que facilite à outra parte a execução de ações em relação às quais o grupo não-violento é favorável. Em outras palavras, a não-violência positiva é simplesmente a negação do terceiro conceito de violência acima mencionado – o uso de qualquer forma de influência negativa. A não-violência positiva é exatamente isso: *positiva*. Não se centra em como dirigir a outra parte *para longe* de algo, mas em como dirigi-la *na direção* de algo.

Ambos os conceitos são bem conhecidos dos pais que querem criar seus filhos sem violência, sem espancamentos. A não-violência negativa, usada contra uma criança pequena que tem a infeliz tendência a arrancar páginas de livros, corresponderia a pô-los fora de alcance. A positiva seria oferecer à criança alguma outra coisa para brincar, inclusive livros que possam ser usados, por exemplo, como tijolos de construção. Os livros são bastante úteis para isso. Ou então fazer com que a criança veja livros com ilustrações interessantes. De um modo geral, os métodos positivos funcionam melhor, formando crianças/adultos criativos e audaciosos, enquanto os métodos negativos levam à formação de pessoas conformistas e assustadas. Contudo, algumas vezes os métodos negativos podem ser necessários. É difícil passar da violência à não-violência e da não-violência negativa à positiva. Fazer ambas as coisas seria o ideal – mas não se pode permitir que o melhor bloqueie o caminho do bom.

3.4 Como funciona a não-violência: algumas hipóteses

Apliquemos agora esses conceitos às quatro famílias de formas do *satyagraha* acima discutidas, e também a algumas outras expressões de não-violência que não foram incluídas no repertório gandhiano, pelo menos de modo explícito. A tabela abaixo pode parecer difícil, mas na realidade é muito simples.

Tabela 11. Formas de não-violência: uma abordagem sistemática

	Não-violência negativa	Nem-nem; Ambos-e	Não-violência positiva
abordagem espaço-ação	protestos contra más ações	negociação, arbitragem, agitação, etc. *dharna*, jejum	destacar as boas ações
abordagem física	sabotagem, fuga, ocultação, *hizrat*		facilitar o uso, facilitar o contato, cooperação
abordagem de sanções	greves tipo funeral,	*hartal*	greves do tipo festivo ou celebratório,
	greves gerais, boicote econômico,		greves em sentido contrário,
	boicote social	piquetes	ajuda às vítimas de boicotes, contato pessoal
abordagem de amplificação	sofrimento infligido pelo outro lado		gratificação para o outro lado
abordagem à estrutura social; direta	greve de impostos, não-cooperação, desobediência civil negativa (defensiva e ofensiva)		ação construtiva, desobediência civil positiva (governo paralelo)
abordagem à estrutura social; estrutural	desistência gradual do antigo modo de vida, diminuição do índice de natalidade, esvaziamento de cidades, esvaziamento de más estruturas		começo gradual de modos alternativos de vida, aumento do índice de natalidade, fortalecer a área rural, construir estruturas alternativas

A Tabela 11 se baseia na distinção feita há pouco entre não-violência negativa e positiva, ou seja, entre impedir a má ação e promover a boa, com uma categoria intermediária. Agora, porém, há outra diferenciação: um esforço para classificar a não-violência em seis categorias. Juntas, as duas distinções ajudam a gerar novas formas de *satyagraha*.

Em primeiro lugar, é claro que a abordagem biológica não é incluída, do mesmo modo que o direcionamento biológico não se inclui como técnica não-violenta. A não-violência deve ocorrer via cérebro e coração, não por meio do corpo inconsciente. Precisa existir uma mensagem a ser entendida, um companheiro humano com quem travar relações de compaixão. Mesmo que fosse "positiva", a manipulação biológica não funcionaria dessa maneira. Portanto, ela *não* é não-violência.

Em seguida, há o espaço de ação e as abordagens físicas incluídas na Tabela 11. O primeiro é simplesmente o que foi chamado de "mapeamento", usando toda a gama classificada como Famílias I e II na Tabela 9, das negociações ao jejum, atribuindo-se sinais de "negativo" e "positivo" aos espaços de ação do outro lado. Não se deve esquecer de colocar também alguns zeros, para que tudo não fique muito carregado de valores e demasiadamente moralista. Se usarmos um mínimo de imaginação, verificaremos que restam sempre algumas possibilidades relativamente neutras. Além de "faça isso!" e "não faça aquilo!", há também "faça ou não – como você quiser!"

A abordagem física é diferente e, como foi mencionado várias vezes, não é muito feliz do ponto de vista não-violento. Nela há uma mensagem física negativa: subtrair objetos de poder ao outro lado, seja pela destruição dos próprios bens físicos (sabotagem auto-infligida), seja pela fuga, escondendo-se, ou pela migração – o *hizrat*. A mensagem é clara. Mas há também elementos de capitulação: a destruição da propriedade física, a desistência da terra natal. Seria mais positivo se algo pudesse ser dado ao outro lado, de modo que ele pudesse participar de outros tipos de interação. Uma comparação adequada seria a do pai que disponibiliza livros para que uma criança os use como tijolos, em vez de escondê-los.

Falemos agora daquilo que acima chamamos de axiológico, de "abordagens de valor". Não são aspectos cognitivos nem físicos. Na realidade, baseiam-se na mesma idéia das polícias interestaduais do mundo atual. De um lado, está a regra que diz que "ataques não compensam". Quem ataca sofrerá as conseqüências, e estas serão muito mais negativas do que qualquer outro tipo de colheita. Do outro lado, há o princípio de que "a cooperação compensa". Quem cooperar se beneficiará das "vantagens comparativas" garantidas por um sistema de mercado, ou economia planejada, se tudo for conduzido de maneira racional. A coluna negativa acima torna-se a militar; a positiva equivalerá à coluna econômica. De um lado, dissuasão; do outro, trocas. O bastão e a cenoura.

Como foi dito antes, a lógica da não-violência é semelhante, mas é claro que sua prática é inteiramente diversa. A começar pela *abordagem* (não violenta) *das sanções*: seja sob a forma direta de invasão e ocupação, seja indiretamente – sob a forma de violência estrutural, exploração, injustiça –, o ataque levará a sanções que farão com que o malfeitor pense duas vezes antes de se empenhar em tal ação; ou que se retire, se já a houver iniciado. Essas alternativas estão listadas na tabela. Constituem a primeira metade das abordagens da Família III (ver Tabela 8) usadas na luta não-violenta. Mas o lado positivo também foi assinalado. Dessa maneira, não há só as greves tipo "funeral", com tristeza e ressentimento, mas também as festivas, de júbilo e celebração. E há também a ação ilegal a pôr em prática, a greve em sentido contrário, a *sciopero alla rovescia*, introduzida por Danilo Dolci na Sicília, em 1952. Trata-se de uma espécie de greve inteiramente construtiva. Uma estrada precisava ser construída, mas o governo não liberava as verbas. Era até mesmo proibido o início da construção, e no entanto foi exatamente o que eles fizeram! Por isso foram presos, e o resultado foi um famoso processo judicial, por fim vencido moralmente por Danilo Dolci e seus seguidores.

De modo análogo, um aspecto positivo e importante de qualquer boicote econômico é a ajuda às suas vítimas, ou seja, um aspecto positivo e importante de qualquer boicote *social* é manter contato pessoal com as pessoas boicotadas. Ambos parecem estar em absoluta contradição, no contexto ocidental de ação política. Mas tornam-se coerentes no contexto gandhiano, no qual abordagens negativas e positivas se combinam. Na verdade, elas são inseparáveis.

A próxima estratégia – *a amplificação* – é um esforço para explicar detalhadamente como a não-violência deve funcionar no plano psicopolítico mais profundo. É a não-violência na qual se empenha o grupo mais fraco, incapaz de infligir muitos danos ao outro lado e nem quer fazer isso, pois é não-violento. Se houver algum sofrimento em função da não-violência ele o voltará contra si mesmo, não contra o outro lado. Mas deve ficar claro para o malfeitor que essa é uma conseqüência de suas ações. Ele deve ser informado da injustiça e da exploração que as pessoas estão sofrendo por causa de seus atos.

Mas seriam normais o sofrimento, a morte pela fome e a privação espiritual associados à pobreza? Não: trata-se de situações de violência estrutural. As pessoas acabam se acostumando a elas, inclusive às que controlam a estrutura. O sofrimento precisa ser amplificado, e isso se faz colocando o seu ápice diretamente nas mãos do antagonista. A Marcha do Sal serviu exatamente para essa finalidade: no topo da injustiça ligada às leis do Sal estavam os danos físicos infligidos indiretamente pelos ingleses por meio de seu instrumento, a polícia indiana.

Desse modo, pode-se teorizar que é a dor perceptível acrescida ao sofrimento que faz com que o malfeitor entenda melhor como funciona a estrutura, e faz com que ele reconsidere a totalidade da situação. Essa teoria pode ou não ser realista. O malfeitor pode não entender nada do funcionamento do seu "sistema" e pensar que as pessoas que se expõem à violência desnecessária são simplesmente loucas, ou manipuladas por "agitadores", ou ambas as coisas. É evidente que é preciso muita comunicação e pedagogia para evitar tal equívoco.

Qual seria o aspecto positivo de tudo isso? Não há dúvida de que pode haver algum tipo de amplificação, uma certa gratificação para o outro lado, se o que estiver errado for corrigido, o que se traduz por ações como abraçá-lo, beijá-lo, recompensá-lo – ou, de alguma outra forma, dar-lhe mais do que somente a boa consciência que ele poderia obter quando revelasse sinais de melhoria. Por trás disso haveria um ponto psicológico mais profundo: mostrar claramente ao antagonista que realmente se fez a distinção entre ele *e* o antagonismo. Uma vez esclarecido esse problema ou, pelo menos, uma vez dados passos importantes nessa direção, nada impedirá o desenvolvimento, bem como a construção de relações humanas muito melhores que antes.

Entretanto, isso não aponta o suficiente na direção de mudanças na estrutura social. Até agora, na verdade, só falamos sobre algumas questões relativas às modificações sociais de base. Elas aparecem nas duas últimas linhas da Tabela 11 e são chamadas de *abordagens à estrutura social*. A primeira está ligada à ação direta, a algo que acontece num tempo e lugar específicos, talvez no país inteiro e por um longo período, porém definível como ação consciente e motivada. A última tem sido chamada de "estrutural". Trata-se de algo sem começo nem definidos no espaço ou no tempo, que não tem nem mesmo qualquer motivação clara. Nessa sociedade, a estrutura simplesmente *é*, sob a forma de um processo irritante e em declínio. Milhões, bilhões de atos inconscientes e semiconscientes também podem mover a montanha estrutural. Afinal de contas, não é assim que é feita a maior parte da história?

É óbvio que a abordagem negativa seria voltada contra a estrutura existente; a positiva apontaria para estruturas novas, alternativas. De um lado, a não-cooperação; do outro, a ação construtiva. Faz-se a distinção entre a desobediência civil negativa com seus subtipos defensivo e ofensivo, de um lado e, do outro, a desobediência civil positiva, aqui vista como "governo paralelo". Ambas já foram examinadas acima.

Mas as últimas linhas da tabela em questão trazem algo novo. Por exemplo, a resistência estrutural contra um governo que deixa que seu país participe de um sistema de ataque inicial com armas nucleares, pode não consistir necessariamente *apenas* em manifestações e boicotes a impostos, piquetes e alguns atos de não-cooperação, como objeção consciente ao serviço militar. A manifestação também pode tomar a forma de mudança geral no padrão de comportamento da sociedade como um todo, onde as pessoas abandonam gradualmente as antigas maneiras de viver ligadas ao *modo de vida burguês*, com o trabalho não-manual e a orientação de carreiras, o conforto material, o isolamento dentro da própria família e a busca de segurança; e adotam *modos de vida alternativos*, mais centrados no tempo de lazer, no desenvolvimento espiritual e na participação geral num modelo de afastamento de algumas das estruturas formais da sociedade.

A resistência estrutural poderia incluir um declínio na taxa de nascimentos, como reação à vida numa sociedade considerada de pouco ou nenhum futuro. Poderia consistir em esvaziar gradualmente as cidades e construir novos modos de viver no campo. E, acima de tudo, esvaziar o que pudesse ser considerado estruturas más – nas indústrias de armas ou serviços militares, por exemplo –, construindo-se aos poucos novos tipos de atividade econômica, e talvez até mesmo novas defesas sociais contra possíveis ataques externos.

O que é novo nessa dimensão é que ela já não é uma ação direta, anunciada como algo que tem começo e fim. O processo estrutural tornou-se parte da vida social, e como tal foi usado por Gandhi durante todo o tempo. Seu esforço para retirar-se das cidades e deslocar o centro de gravidade da sociedade indiana para as aldeias poderia ser considerado precisamente a essa luz. Além do mais, ele não recomendou que se organizasse nenhum exército na Índia após a independência; disse que isso só seria destrutivo para o país e aconselhou que se organizassem brigadas de paz, baseadas nas aldeias, para lidar não-violentamente com possíveis invasores. Mas até agora essas visões estruturais ainda não se enraizaram no solo indiano. Quem sabe um dia o façam na Suíça, onde 35,6% da população – num plebiscito, em 26 de novembro de 1989 – votaram em favor da abolição do exército do país (625.000 soldados) no ano 2000.

4. A NÃO-VIOLÊNCIA DEPOIS DE GANDHI: UM BALANÇO

4.1 Comparação entre não-violência e violência

Por que não há muito mais lutas não-violentas no mundo, dirigidas contra as violências direta e estrutural em suas formas-padrão – a repressão e a exploração?

A resposta "porque elas não funcionam" é padronizada demais, se levarmos em conta seus espantosos sucessos na segunda metade do século 20, também depois de Gandhi:

(1) A campanha gandhiana do *swaraj* na Índia, independente desde 1947
(2) A libertação dos judeus detidos em Berlim, em fevereiro de 1943
(3) A desobediência civil de Martin Luther King Jr. no sul dos EUA, a partir de 1956
(4) O movimento contra a guerra do Vietnã, dentro e fora dos EUA
(5) O movimento "O Poder do Povo" nas Filipinas, em 1986
(6) O movimento "O Poder das Crianças", na África do Sul
(7) O movimento *intifada*, na Palestina ocupada
(8) O movimento em Pequim (Beijing) em favor da democracia, na primavera de 1989

(9) O movimento *Solidarnosc* (Solidariedade) e os existentes na República Democrática Alemã deram fim à Guerra Fria
(10) O contragolpe não-violento de agosto de 1991, em Moscou

É evidente que nenhum desses casos é claro e puro. Na maioria deles, porém, evitou-se a violência direta, e a maior parte da violência estrutural foi afastada ou reduzida. Outros fatores entraram em jogo. Entretanto, se em vez de optar pela não-violência os ameaçados, explorados e/ou reprimidos tivessem agido violentamente, esse fato não só teria sido um convite a uma grande contra-violência como as condições opressivas provavelmente teriam continuado inalteradas. Não podemos ter certeza disso porque não podemos fazer voltar a história. Contudo, essa tese tem um alto nível de probabilidade. Para comprová-la, é suficiente mencionar alguns fatores.

Um ponto fundamental emerge dessa reflexão. Escrever a história do violento século 20, analisando sua política sem estudar também sua não-violência, é difamá-lo ainda mais. Além disso, essa negligência revela ideologia e ignorância; por exemplo, só se descobriu o papel histórico das mulheres aproximadamente nos últimos vinte anos.

Retomando os exemplos acima, vemos que:

(1) A Inglaterra também foi debilitada pela Segunda Guerra Mundial e pela contradição de lutar pela democracia e, ao mesmo tempo, inclinar-se para o colonialismo. A ação de Gandhi acentuou essa contradição.
(2) Muitos dos judeus que voltaram ao trabalho depois de libertados foram presos outra vez; mas o foram de tal maneira que a ação não-violenta se tornou muito mais difícil. Em suma, não se tratou de um evento único.
(3) A segregação formal terminou, mas a informal continua; o que mais uma vez mostra que a não-violência é um processo, não um acontecimento isolado.
(4) Basicamente os vietnamitas ganharam uma guerra violenta, mas a não-violência enfraqueceu as decisões no lado dos EUA.
(5) Foi provavelmente mais um movimento de classe média que uma mobilização dos realmente oprimidos em seu próprio favor; portanto, deveria ter continuado.

(6) A ele se poderia acrescentar o impacto moral das sanções econômicas e do esbulho, e o exemplo positivo do Zimbábue.
(7) O repertório de ações incluiu atirar pedras, mas pode-se argumentar que pelos padrões do Oriente Médio essa atitude já é não-violenta.
(8) As forças do governo usaram de grande violência, mas provavelmente contra movimentos de trabalhadores, e não contra a mobilização estudantil democrática.
(9) O fato de que a violência tenha sido usada na Romênia não torna menos violentas as ações na Polônia e na República Democrática Alemã. Na Hungria, a transformação limitou-se à mudança política convencional e lenta. Na Tchecoslováquia e na Bulgária, para não falar na União Soviética, as transformações podem ser vistas como um efeito-dominó, a partir da Polônia e da República Democrática Alemã. Neste último caso, a migração em massa foi uma tática não-violenta fundamental.
(10) Trata-se de um exemplo provavelmente inadequado, não porque o contragolpe de Yeltsin não tenha sido não-violento, e sim porque a violência do golpe em si pode não ter sido verossímil, mas possivelmente encenada. No lugar dessa ação, poderíamos usar como exemplo a não-violência contra o golpe militar na Tailândia, em maio de 1992. Aquele sim foi um caso real, e a não-violência que suscitou foi bem-sucedida.

Na maioria desses casos surgiram os seguintes fatores:

(1) A ameaça de violência direta e/ou estrutural é intolerável para os principais grupos do país.
(2) Uma alternativa foi formulada e revelada ao outro verbalmente, por escrito, por meio de manifestações, etc.
(3) Há um claro perigo de que algum tipo de violência seja usado, se não for praticada a não-violência ativa. Em outras palavras, há um risco real ao eu.
(4) O compromisso de não usar a violência deve ser claro. Deve aplicar-se não só aos atos, mas também à fala e ao pensamento do eu em relação ao outro. O ideal é que ele inclua ações positivas e construtivas.

(5) A ação não-violenta serve para comunicar ao outro e aos não-envolvidos que eles *jamais devem render-se à opressão* e devem estar dispostos a enfrentar as conseqüências dessa atitude.

(6) A não-cooperação corajosa e a desobediência civil diante dos riscos ao eu podem expressar qualquer mudança de opinião e chegar até mesmo ao coração do outro – o opressor.

(7) Caso contrário, e se o opressor usar a violência contra a não-violência, *a desmoralização do outro diante das conseqüências de sua violência contra resistentes não-violentos pode fazê-lo mudar de idéia.*

(8) Se o outro usar violência à distância, inclusive o boicote econômico, para tentar fugir das conseqüências, *quem está de fora deve tornar essas conseqüências claras para ele.*

(9) Se a distância social-psicológica entre o eu e o outro fizer com que este desumanize aquele, a não-violência como ato de comunicação pode ser efetuada por meio de intermediários, numa Grande Cadeia de Não-Violência. Alguns intermediários podem compartilhar as características sociais do oprimido, outros as dos opressores.

Deve-se ter sempre em mente as três preocupações da ação não-violenta: a) ela deve ser orientada contra a relação entre o eu e o outro, não contra o outro; b) deve ser conduzida de tal maneira que construa o amor e não o ódio, o comportamento pacífico em vez do violento; c) o outro deve ser convidado a compartilhar sua experiência enriquecedora. Devemos, inclusive, garantir-lhe um espaço na futura sociedade. Em outras palavras, o fundamental é comportar-se de tal maneira que o conflito se transforme de modo construtivo. As partes devem emergir do processo não apenas com relações sociais melhores, mas também como pessoas melhores do que eram antes, mais bem equipadas para lidar não-violentamente com novas desavenças. Os que se inclinaram à violência, ontem ou hoje, poderão tornar-se os mediadores de amanhã.

É claro que isso nem sempre funciona. O eu pode ter os primeiros cinco pontos da lista acima sob controle, mas o outro pode não conseguir responder como se espera em relação aos quatro pontos seguintes. Nesse caso, uma possi-bilidade é tentar de novo; outra é a capitulação, que entretanto nunca deve ser declarada permanente. Aceitar a violência é em si uma atitude violenta.

Os gandhianos tenderiam a enfatizar o papel da maior purificação do eu, para que ocorra a transformação do conflito. Essa teoria tem a vantagem de pôr a responsabilidade no eu de alguém e em algo que ele possa fazer – pela mediação, por exemplo. Tem também a vantagem de ser não-falsificável ("Não houve mudança no coração do outro? Então, mais autopurificação!").

Minha maneira de ver não exclui esse fator, pois a não-violência obviamente funciona de espírito para espírito. Porém, isso não exclui o trabalho político sobre o terceiro fator, as partes externas. Nos mecanismos (8) e (9) acima elas são cruciais.

No entanto, não há nenhum conflito existente (não importa o quanto internalizado for o ódio; o quanto institucionalizado for o comportamento violento; o quanto intratáveis forem as contradições, incompatibilidades e conseqüências) que não possa ser transformado pela não-violência. Nenhuma hipótese do tipo panacéia foi formulada sobre como muitos grupos hoje oprimidos poderiam obter sua autonomia pela não-violência; assinalou-se sempre a dureza do trabalho e do treinamento necessários.

Contudo, a hipótese de que *a violência nunca funciona* pode ser questionada.

Primeiro. Há os efeitos em termos do número de pessoas mortas e destituídas; pessoas traumatizadas em corpo, mente e espírito; os danos físicos às moradias humanas e à natureza. Na maioria dos casos, eles são irreversíveis. Mas esses são apenas os efeitos visíveis da violência; não podemos excluir as suas conseqüências colaterais básicas e futuras. É o que os economistas costumam fazer quando excluem as as realidades que estão além das medidas econômicas. Só utilizando tais artifícios os profetas da violência podem concluir positivamente pelo seu uso.

Segundo. Se a violência produz mudanças nas relações eu-outro, e se a estas se chega por meio da incapacitação do outro, o resultado não será sustentável. Trata-se de algo inaceitável, porque dessa maneira o outro não é mais o outro.

Terceiro. Não houve nenhuma transformação positiva do eu, mas possivelmente uma transformação negativa, dado que uma vitória pode desencadear um hábito à violência e levar a mais violência na próxima vez.

Quarto. Não houve transformação positiva do outro, mas possivelmente uma transformação negativa, pois a derrota pode também desencadear o hábito à violência e levar à vingança. Removeu-se uma barreira – a de ter sido o objeto da violência –, de modo que não há perigo de exposição a um déficit moral.

Voltemos ao ponto de partida. Dada a crescente bancarrota da violência e da guerra como instituições, e considerando-se o fato de que a tecnologia certamente não enobrece mas sim degrada vencedores ou vítimas, e levando-se em conta o desenvolvimento dos meios não-violentos, por que a não-violência não está muito mais disseminada? Para responder a essa pergunta, provavelmente teremos de nos aprofundar nos aspectos culturais. Pode haver alguns obstáculos ocultos, que precisam ser entendidos e depois enfrentados – não-violentamente, é claro. Mas também pode haver alguns fatores ocultos, que favorecem, que não ameaçam a ação não-violenta. Eles devem ser identificados, compreendidos e talvez fortalecidos.

4.2 Fatores culturais profundos que ameaçam ou facilitam a não-violência

Examinemos alguns dos fatores ocultos em sete espaços que moldam a condição humana. Mais especificamente, estudemos a maneira como os concebemos, e como essa concepção, por sua vez, dá forma à nossa condição.

Natureza. A palavra "natural" é obviamente relacionada à natureza, tomando-a como uma norma – é aqui que entra a palavra afim: "normal". Mas a natureza não é um modelo sem ambigüidades para o que é natural ou normal; existem o conflito e a cooperação, a antibiose e a simbiose, Darwin e Kropotkin. A tendência da cultura ocidental pode ser destacar o primeiro termo dos pares, correndo com isso um risco considerável: o de perder de vista o segundo termo, e com ele a realidade. A violência parece natural, a não-violência parece bizarra.

Contudo, a questão básica não é saber quanta violência e quanto desvelo existem na natureza não-humana, mas sim na humana. Uma leitura tendenciosa da natureza faz com que a violência pareça "natural/normal". A posição contrária poderia levar mais a Kropotkin, e à concepção dos seres humanos como sendo no fundo espirituais, em vez de bestiais. É claro que somos ambas as coisas. A questão é o que preferimos destacar.

Humano. A imagem freudiana do interior das pessoas como um campo de batalha, com o ego emergindo da luta entre o id e o superego, foi uma grande ruptura com imagens anteriores, que retratavam esse interior como uma *tabula rasa* a ser gravada com dogmas e aquinhoada pela Igreja e/ou pela educação. Mas há falhas nessa imagem. A violência é presumivelmente um impulso do id, e as normas do superego impedem a sua liberação. O ser humano é construído como um vaso fervilhante de desejos mais ou menos domesticados; a questão é saber o quão bem vedada está a sua tampa. Os jornalistas esperam a erupção da violência, não a quietude da não-violência e da paz.

Há uma alternativa e um discurso muito mais realístico (não "realista"): examinar o conjunto de regras – e não apenas a moralidade – que regulam a violência/não-violência. Essa postura leva à mesma descoberta, como ocorre na macroeconomia. Não deve surpreender a ninguém que os principais efeitos colaterais negativos da violência tenham sido deixados de fora, e os principais efeitos colaterais positivos da não-violência nem mesmo tenham sido levados em consideração. A não-violência é em geral considerada um superego moral, e não uma proposta séria de prática política; o ego, por sua vez, é visto como uma espécie de entidade que hesita entre duas forças colossais, e não como um espírito consciente, que canaliza as energias do id e do superego em boas e novas direções.

Sociedade. A sociedade ocidental, judaica, cristã ou muçulmana, é individualista, vertical e tem homens fortes em seu topo. Os acontecimentos serão tanto mais facilmente registrados quanto forem identificados com líderes masculinos não pertencentes às classes mais baixas, como Gandhi e Martin Luther King Jr. Um grande acontecimento protagonizado por mulheres negras, oriundas das classes mais inferiores (como Rosa Parks), não seria tão facilmente registrado. Como as mulheres se destacam pela não-violência, esse fator isolado até certo ponto explica tal invisibilidade. A falta de visibilidade impede que importantes cadeias de aprendizagem e imitação se tornem operacionais.

O Ocidente é excessivamente individualista e verticalmente consciente. Na base dessa condição está a percepção da sociedade como um conjunto de indivíduos fortes-fracos, ativos-passivos, bons-maus, lutando para ascender socialmente. Mas a sociedade também é uma estrutura, uma rede que une as pessoas por meio de zilhões de interações que não se limitam aos atos dos fortes e ativos, bons ou maus. Essa estrutura invisível distribui as possibilidades de vida de um modo muito desigual. As pessoas reagem a essas circunstâncias, e algumas dessas reações podem tomar a forma de não-violência (ver a lista das campanhas). A luta se dá de baixo para cima, é travada pelos oprimidos, pela classe trabalhadora, pelos não-brancos, pelas mulheres. Ela é reduzida à invisibilidade não só por causa do baixo *status* dos participantes e pela ausência de líderes, mas também porque ameaça o *status quo*. Uma guerra não transtorna necessariamente a ordem social, mesmo quando comandada por alguns estrangeiros, como parte de um processo de ocupação. Mas uma grande campanha, como uma greve geral oriunda das bases da sociedade, seja violenta ou não, indica que lá existe uma grande insatisfação. A revolução pode estar por perto.

No entanto, se a ênfase é posta na orientação para o ator às custas da orientação para a estrutura, esses atos nem mesmo podem ser considerados políticos. Podem, por exemplo, ser vistos como "fundamentalistas", baseados em normas vindas de fora e não de dentro do pensamento político. Em conseqüência disso, algumas pessoas um dia podem acordar e descobrir que vivem numa sociedade diferente, moldada, por exemplo, pela revolução feminista atualmente em curso. Elas podem tentar desesperadamente identificar um líder; podem entrevistar essa pessoa para entender o que acontece em função de algumas de suas características. Um bom exemplo é a revolta da Alemanha Oriental em 1989, que abalou a sociedade da República Democrática Alemã mas agitou também a sociedade da Alemanha Ocidental. E o fez porque muitas das idéias não-violentas dos revolucionários também se aplicavam à sociedade capitalista. Essa condição se torna perigosa: o fim não-violento da Guerra Fria permanece mal relatado e mal compreendido.

O Mundo. Visto do ângulo ocidental, e do ponto de vista dos que adotam essa concepção, o mundo tem como centro o Ocidente, uma Periferia que o aceita ou mesmo que a ele se submete, e uma esfera do Mal, que se recusa a essa aceitação ou submissão. Já que a não-violência é dirigida contra o poder do centro desse Centro – casos (1), (3), (4), (5), (6), (7) da lista da primeira seção deste capítulo –, ela pode muito bem ser preferível à violência, mas continua subversiva. Qualquer moral, mesmo a superioridade pragmática, é revogada diante da desobediência e da recusa à submissão. Além disso, quanto mais elas funcionam mais aumenta o perigo de serem adotadas por outros grupos.

O caso (2) é diferente. O nazismo era também um inimigo do centro no Centro. Contudo, a não-violência bem-sucedida na Rosenstrasse, em Berlim, pode lançar alguma dúvida sobre a abordagem militar usada pelos centros coordenados no Centro – os Aliados – para esmagar o Eixo, e principalmente sobre a estratégia, ou a falta dela, para salvar os judeus do holocausto. Será que no Ocidente da década de 1930 teria sido melhor denunciar o nazismo desde o começo e organizar a resistência dentro da Alemanha, particularmente a do tipo gandhiano, bem conhecida por aqueles que quiseram conhecê-la? Ou a guerra ao nazismo, extremamente onerosa, se justificaria pela suposição de que não havia alternativa para também acalmar a consciência dos alemães não-nazistas? É este ainda o triste estado moral/pragmático das coisas? Será que por isso este caso é tão desconhecido?

O Caso (8) é diferente. O Partido Comunista era/é também o inimigo do centro no Centro. Ele foi colocado em destaque, com as distorções previsíveis, e sem a expressão "não-violência".

O Caso (9) é diferente. Como foi indicado por várias das razões já mencionadas. Se fosse o caso de acabar com a autocracia pós-estalinista *a partir de dentro*, o que dizer da relevância de todo o mecanismo da Guerra Fria, com alianças, ameaças calculadas, dissuasão nuclear, etc.? Teria sido melhor denunciar, e depois encorajar, a não-violência interna? Trata-se da mesma questão formulada acima em relação ao nazismo. Não há dúvida de que houve uma conjugação de fatores por trás dessa erosão interna, sendo um deles o pesado ônus da corrida armamentista sobre a economia. No entanto, a combinação não-violenta da migração em massa (também ajudada pelo Ocidente), as corajosas manifestações não-violentas e a formulação de alternativas no discurso universal dos direitos humanos, tudo isso desempenhou um papel importante.

Entretanto, ainda provavelmente mais importante foi a questão seguinte: o que aconteceria se essa abordagem à opressão fosse dirigida contra o centro no Centro, em vez de contra seus inimigos? Essas pessoas não poderiam fazer o mesmo numa Alemanha unificada? Para o *Solidarnosc*, na Polônia, esse foi um problema menor, pois os envolvidos eram mais sindicalistas e intelectuais católicos e menos "verdes" (ecologistas) e "não-violentos" (pacifistas) em busca de mudanças sociais de base.

Em resumo, há ambigüidades em torno da não-violência, e elas cedo ou tarde terão de ser consideradas. Tais ambigüidades também se encontram no movimento em si, e no efeito chocante de ele ter sido bem-sucedido. Acostumados a ser uma pequena minoria, sem despertar a atenção de ninguém, e até certo ponto gostando de ver a rejeição como uma confirmação de sua pureza, eles subitamente se viram de posse das rédeas do poder, embora não lutando por nenhuma posição política. Por não acreditarem no poder que eles mesmos haviam exercido; ou será que a não-violência foi mais expressiva que instrumental?

Tempo. Na cosmologia social, a luta contra o mal não só é freqüentemente associada a um herói/líder em vez de a pessoas anônimas, mas também a uma cosmologia temporal. A resistência se acentua cada vez mais contra as trevas da opressão, até culminar no confronto final, a crise. Daí em diante só há duas possibilidades: cumprir ou transgredir, vitória ou derrota. As histórias tradicionais de resistência violenta, que terminam com uma batalha decisiva e com o herói emergindo como um líder nacional (ou como um mártir, se tiver sido derrotado), seguem fielmente essa metanarrativa linear e masculina, com alguém no fim admitindo a derrota e assim estabelecendo um sinal de "pare".

Nesse caso, o argumento seria que precisamente para ser eficaz a não-violência teria de seguir uma cosmologia temporal mais cíclica, feminina.

A luta contra a violência estrutural e a propensão a usar a violência direta nunca termina; faz parte da condição humana. A violência estrutural é facilmente reproduzida no sistema social, gerando sucessivamente uma violência direta que a ela se oponha ou a proteja; e essa violência é também facilmente produzida na psicologia dos habitantes do sistema social. Como o amor, a não-violência precisa ser renovada, restaurada; nenhuma "vitória" deve ser tida como certa. Não se trata de uma questão de golpe único. Não existem vitória ou derrota finais e, portanto, nenhum sinal de "pare". *La lotta continua*, a luta (não-violenta) continua.

Do ponto de vista da mídia, tudo isso faz com que a não-violência seja quase que irremediavelmente inadequada como notícia. Nela, não só não existe necessariamente um líder, como o objetivo é mais mudar uma estrutura do que derrotar uma pessoa. Além disso, não há um começo e certamente também não existe um fim. As reportagens focalizarão um drama pela metade.

Transpessoa. É certo que na prática a violência é sentida pelo corpo como violência física, embora o desejo de lutar – "moral" – desempenhe um papel fundamental. Já a não-violência é principalmente praticada com o espírito, embora o vigor físico e a ação física concreta também desempenhem um papel importante. A violência se baseia na suposição de que aquilo que me faz mal também magoará a você e vou usá-lo. Na não-violência também há essa suposição, só que os danos (como rejeitar bens e serviços, ou dar as costas aos governantes por meio da migração) são menos irreversíveis.

Mas há também a suposição de que aquilo que me engrandece faz o mesmo com você. A não-violência é uma espécie de poder brando e uma forma de comunicação com remetente e destinatário; na prática, espera-se que ela ocorra ao longo de uma seqüência de fatos não-violentos. Nessa comunicação, pressupõe-se uma profunda comunidade entre os seres humanos; imagina-se que o outro é tocado pelo sofrimento do eu e não deseja ser causa desse sofrimento. Assim, a não-violência como um saco de artimanhas que inferniza a vida dos opressores, é exatamente isso: um saco de artimanhas pouco profundo.

Podemos postular uma comunidade humana, e a seguir uma comunidade específica que deriva do compartilhamento de uma mesma linguagem cultural. Isso se mostra claramente na Europa: a não-violência protestante é mais verbal e séria, individual, como em Lutero: *hier steh' ich, ich kann nicht anders* [aqui estou, não posso ser outro]. A não-violência católica é mais festiva, expressiva, coletiva, como as procissões católicas percorrendo as cidades, povoados e aldeias. Trocar de linguagem pode ser contraproducente. A comunicação transpessoal é diferente: o que sensibiliza um pode tocar o outro.

A transpessoalidade, algumas vezes chamada de Deus, nos fala de diferentes maneiras. O importante, e evidente, é que a não-violência faz parte desse idioma. No budismo do sul da Ásia e no jainismo a não-violência é direta e obrigatória. De um modo geral, o mesmo pode ser dito sobre o hinduísmo, só que o sistema de castas é uma forma estrutural de violência, que lança algumas dúvidas sobre a sinceridade da mensagem do *ahimsa*.

Nas três religiões abraâmicas do Ocidente há a espantosa ambigüidade de um Deus que abraça e ama toda a humanidade, embora tenha ciúmes dos outros deuses e puna aqueles que O desafiam. Jesus Cristo tem a mesma propensão. A rica tradição violenta do Ocidente captará o Deus exclusivo e punitivo; o filete d'água não-violento (que inclui o quakerismo, etc. e a religião Baha'i) edificará sobre a tradição de um Deus inclusivo, amoroso, incluindo a violência final expressa por Cristo na história da Paixão. A ambigüidade não é solucionada pela adoção de duas leis: violência aqui na Terra e não-violência depois, por assim dizer. É aqui, na Terra, que precisamos encontrar mais modos não-violentos de transformar os conflitos.

Os sistemas religiosos ecléticos do Extremo Oriente – além do budismo –, o taoísmo, o confucionismo e o xintoísmo são instrumentos construtivos. No sul religioso da Ásia enfatiza-se o *ahimsa* e as religiões ocidentais estão embebidas em ambigüidade. Mas a problemática violência/não-violência é menos explícita no Extremo Oriente, exceto pelo componente budista. Ainda assim, Sun Tzu é muito diferente de Clausewitz, e o taoísmo muito diverso das estruturas globalizantes oriundas do Ocidente. Contudo, os movimentos não-violentos dos trabalhadores são também uma tradição ocidental.

Episteme. A epistemologia é um aspecto específico de uma determinada cultura: o que constitui o conhecimento válido? Essa noção obviamente difere de uma civilização para outra. Dois bons exemplos são a idéia de "lei", tanto no sentido de regularidade descritiva quanto no de prescrição normativa.

A abordagem ocidental à regularidade é influenciada pelas ciências naturais e pelos experimentos de laboratório. Em outras palavras, pelas reprodutibilidades obtidas sob condições puras e mesmo artificiais. O controle de todas as condições relevantes estabelece uma relação binária entre X e Y, ou seja, configura o protótipo de uma lei: se X é a causa/condição, Y é o efeito/conseqüência de X.

A sociedade em geral, e a complexidade da não-violência em particular, não se submetem a esses raciocínios simplistas. Em vez disso, como ocorre em todos os casos mencionados no começo, lidamos com síndromes muito mais complexas. Além de X e Y há partes de cada um envolvidas. A relação cíclica *Yin/Yang* é uma episteme mais adequada para entender essas situações do que a linearidade cartesiana. Mas o diálogo *Yin/Yang* é subdesenvolvido no Ocidente, o que faz com que os ocidentais vejam a complexidade como algo esmagador e, por isso, considerem ilusória qualquer relação entre a não-violência e o fim da repressão e/ou exploração. Precisamos entender que a não-violência desempenha um papel, necessário, se não suficiente, nesse processo, sem exigir provas laboratoriais como as fornecidas pela relação linear X-Y.

Neste ponto, a metáfora da não-violência como uma força pode ser pouco apropriada, pois evoca o modelo X-Y da física newtoniana. A força move os corpos com uma aceleração proporcional a ela e inversamente proporcional à inércia (essa seria uma boa maneira de exprimir a opressão); impacta os outros corpos e comunica-lhes a sua energia. A não-violência é diferente: é mais global, dialética, circular.

Assim como as culturas têm um estilo intelectual, também têm uma feição legal. A tradição do direito consuetudinário anglo-saxônico (Reino Unido – EUA) é provavelmente a mais propícia à não-violência. Nessa tradição, uma lei ou, mais especificamente, uma formulação legal, não é considerada sacrossanta, mas sim algo que deve ser posto à prova. Se muitas pessoas a transgredirem, a conclusão automática não é que *elas* estão moralmente erradas; é também possível ser que o erro esteja na *lei*, que pode ser inadequada, anacrônica e portanto deve ser mudada.

Essa situação é um convite implícito à não-violência sob a forma de desobediência civil. É claro que se trata da não-violência como não-cooperação em massa que retira o consentimento dos governados, o que, a longo prazo, é a condição para que os governantes governem.

Mas essa é a desobediência civil pontual, dirigida às leis ou regulamentos específicos, posta em prática em duas formas bastante diferentes: como um *satyagraha* coletivo ou por um *satyagrahi* individual, por pessoas que sentem que podem exprimir a angústia coletiva.

Em ambos os casos há uma condição implícita: a de que a não-violência não seja a expressão de uma incapacidade geral de obedecer às leis. Além do mais, a disposição para arcar com as conseqüências e punições é necessária para indicar que se trata de uma atitude séria, e para pôr em marcha os processos que podem mudar a mente dos legisladores.

Em outras tradições (a romana, a alemã, a japonesa), as leis ou formulações legais podem ser perenes. Mas também podem ser interpretadas, e assim é possível que existam práticas legais diferentes da teoria. A vantagem da tradição legal consuetudinária é a indicação clara de que as ofensas são reparadas quando se modifica uma formulação legal e sua prática. Esse tipo de vitória serve como um sinal de "pare" para a campanha, e talvez para reorientá-la para outras questões.

4.3 Conclusão: o que podemos fazer?

Em primeiro lugar, notemos que a teoria acima antecipa o sucesso e a visibilidade de Gandhi: *status* elevado, um líder altamente carismático numa cultura cujo elemento-chave é o *ahimsa*, educado na tradição legal consuetudinária dos anglo-saxões. O objeto de sua luta era o imperialismo britânico, um favorito do Ocidente, e ele só teve um pequeno preço a pagar: não ganhou o Prêmio Nobel da Paz. A teoria também antecipa a figura de Martin Luther King Jr. e, por alguma razão, dessa vez o comitê do Prêmio Nobel da Paz estava mais à altura de sua tarefa.

Duas conclusões básicas podem ser tiradas deste exercício.

Primeira. Necessitamos de uma teoria das conseqüências da violência em geral e da guerra em particular. Ela precisa ir muito além dos critérios vitória/derrota, número de mortos e feridos ("baixas") e danos materiais. A expressão corrente, *uma sociedade dilacerada pela guerra*, é muito mais profunda e promissora quando interpretada como *pessoas dilaceradas pela guerra*, e abre as portas para a compreensão de *um mundo dilacerado pela guerra*.

Segunda. A não-violência deve se tornar parte do discurso cotidiano e, mais especificamente, de uma ciência política menos violenta, além de constituir uma fração ainda mais importante dos estudos sobre a paz. Como ocorre em qualquer outro esforço humano, aqui também tanto a teoria quanto a prática podem ser melhoradas. Mais importantes que estudos mais empíricos de campanhas não-violentas são os trabalhos críticos que mostrem onde elas erraram, e pesquisas sobre como a não-violência poderia ter sido mais eficaz no passado e, certamente, no futuro. Nessa espécie de estudos, todos os fatores acima mencionados da cultura (mais ou menos) profunda podem ser orientados positivamente, trazendo-os à luz e fazendo com que as pessoas em geral e os jornalistas em particular, por meio de cursos sobre jornalismo de paz, se tornem mais conscientes de sua significação. Isso mudará nossa visão de mundo. E nos tornará ainda mais gratos a Gandhi que, mais do que um Pai da nação indiana, será um Pai do mundo.

BIBLIOGRAFIA

ACHUTHAN, R. *Taking Gandhi to People Through Seminars.* National Committee for the Gandhi Centenary. 223, Rouse Av. Nova Délhi: 1970.

________. *The Relevance of Gandhi to Our Times.* National Committee for the Gandhi Centenary 223. Rouse Av. Nova Délhi: 1970.

________. *Student-Youth Movement and Gandhian Non-Violent Revolution.* Pamphlet Series Nº 2, Gandhian Thought Manager, Nova Délhi: Índia.

BHAWAN, Gandhi. *Conference Report, Studies in Gandhian Thought.* Allahabad: University of Allahabad, 1972.

BISWAS, S. C. *Gandhi, Theory and Practice, Social Impact and Contemporary Relevance.* Simla: Indian Institute of Advanced Study, 1969.

BONDURANT, Joan. *Conquest of Violence, The Gandhian Philosophy of Conflict.* Berkeley: University of California Press, 1965.

CASE, Clarence Marsh. *Non-Violent Coercion: A Study in Methods of Social Pressure.* Londres: Allen and Unwin, 1923.

CAPITINI, Aldo. *La Nonviolenza Oggi.* Milão: Edizione di Communità, 1962.

DAS, Amritanada. *Foundations of Gandhi Economics.* Mumbai, Calcutá, Nova Délhi, Madras, Bangalore.

DASGUPTA, Sugata. *Towards a Philosophy of Social Work in India.* Nova Délhi-3: Popular Book Services D/-332, Defence Colony, 1967.

DHAWAN, G. N. *The Political Philosophy of Mahatma Gandhi.* Mumbai: 1946.

DIWAKAR, R. R. *Saga of Satyagraha.* Nova Délhi: Gandhi Peace Foundation, 1969.

ERIKSON, Erik H. *Gandhi's Truth: On the Origins of Militant Non-Violence.* Nova York: W. W. Norton, 1969.

FISCHER, Louis. *The Essential Gandhi: His Life, Work and Ideas.* Nova York: Vintage Books, 1962.

GANDHI, Mohandas K. *The Collected Works of Mahatma Gandhi (CWMG).* Nova Délhi: The Publishing Division, Ministry of Information and Broadcasting, Government of India, 1959.

________. *My Non-Violence.* Ahmedabad: Navajivan Press, 1960.

________. *Non-Violence in Peace & War.* Vol. I. Ahmedabad: Navajivan Publishing House, 1948.

________. *Non-Violence in Peace & War.* Vol. II. Ahmedabad: Navajivan Publishing House, 1949.

________. *Sarvodaya.* Ahmedabad: Navajivan Publishing House, 1954.

________. *Socialism of My Conception.* Mumbai: Bharatiya Vidya Bhavan, 1966.

________. *To the Students.* Ahmedabad: Navajivan Publishing House, 1949.

GANGHI, G. Madan. *Gandhi and Marx: Study in Ideological Polarities.* Vikas Bharati, Kewal Krishan Sector, 21.D. Chandigarh: 1969.

GOULET, Denis. *Survival with Integrity: Sarvodaya at the Crossroads.* Washington, EUA: Marga Institute. 61, Isipathana Mawatha, Colombo 5, Sri Lanka, em associação com Overseas Development Council Wash, 1981.

GREGG, Richard B. *The Power of Non-Violence.* Londres: 1938.

GUPTA, Shanti S. *The Economic Philosophy of Mahatma Gandhi.* Nova Délhi: Ashok Publishing House.

HETTNE, Bjorn. "The Vitality of the Gandhian Tradition". *Journal of Peace Research*, Nº 3, Vol. XIII, 1976.

HORSBURGH, H. J. N. *Non-Violence and Aggression: a Study of Gandhi's Moral Equivalent to War.* Londres: Oxford University Press, 1968.

IYER, Raghavan N. *The Moral and Political Thought of Mahatma Gandhi.* Oxford: Oxford University Press, 1978.

JOSHI, Umashankar. *Gandhi and Socrates*. Ahmedabad: Gujarat University, 1970.

KANTOWSKY, Detlef. "Gandhi – Coming Back from West to East?" *Gandhi Marg*., Vol. 5, Nº 3, June, 1983.

_______. "Gandhi und Indiens". *Entwicklung Heute Internationales Asien Fourum*, Vol. I. Nº 1, January, 1970.

_______. *Indien, Gesellschaftstruktur und Politik*. Frankfurt am Main: Ed. Suhrkamp, 1972.

_______. *Max Weber on Indian and Indian Interpretation of Weber Contributions to Indian Sociology (NS)* Vol. 16., Nº 2, 1962.

_______. *Sarvodaya-Eine Autochtone Form Internationales Asienforam*, Vol. 13, Nºs 3/4 págs. 197-210, 1982.

_______. *Sarvodaya, The Other Development*. Sahibabad, Vikas House, 20/4, Industrial Area, 1980.

KHAN, Badshad. *Address by Khan Abdul Ghaffar Khan*. Nova Délhi: Joint Session of Parliament of India, Nov. 24, 1969.

KHOSA, Somnath. *He Led Us to Freedom. Gandhi's Life in Pictorial Strips*. Nova Délhi: National Committee for the Gandhi Centenary, 1970.

KUMAR, Parmod. *Violence and Gandhian Politics*. Chandigarh: Punjab University, Department of Social Science, 1980.

PAWLOWSKA, Lazari. *The Fundamental Principles of Gandhi's Public Activity*. Stuttgart: Wissenschaftliche Verlagsgesellschaft M.B.H., 1970.

MAHADEVAN, T. K. *Truth and Non-violence: Report of the Unesco Symposium on Truth and Non-violence in Gandhi's Humanism. Paris, 14-17 October, 1969*. Nova Délhi: Gandhi Peace Foundation; Paris: Unesco, 1970.

MATHUR, J. S. *Industrial Civilisation: A Gandhian Economics*. Allahabad: University of Allahabad, 1971.

_______. *Industrial Civilisation: A Gandhian Viewpoint*. Mumbai: *Khaddigramodyog*, junho, julho e agosto, 1970, págs. 612-618, 697-703, 735-740.

MISRA, R. P., ed. *Gandhian Model of Development and Peace*. Nova Délhi: Concept Publishing Company, 1988.

MOSLEY, Leonard. *The Last Days of The British Raj.* Mumbai: Jaico Publishing House, 1971.

MUHLMANN, W. E. *Mahatma Gandhi. Der Mann, sein Werk, und seine Wirkung. Eine Untersuchung zur Religions-soziologie und Politischen Ethik.* Tubingen, Mohr, 1950.

MURTI, Ramana V. V. *Gandhi: Essential Writings.* Nova Délhi: Gandhi Peace Foundation, 1970.

NAESS, Arne. *Gandhi and Group Conflict: An Exploration of Satyagraha Theoretical Background.* Oslo-Bergen-Tromso: Universitetsforlaget, 1974.

NAHKRE, Amrut. *Meanings of Non-violence: a Study of Satyagrahi Attitudes.* Oslo: Prio, Prio Publ. Nº 20-12.

NANDA, B. R., JOSHI, P. C., KRISHNA, Raj. *Gandhi and Nehru.* Mumbai, Calcutá, Madras: Oxford University Press, 1979.

NEHRU, Pandit. *Mahatma Gandhi.* Bergisch Gladbach: Bastel Lubbe Taschenbuch, 1983.

PATHAK, Devavrat N. *Gandhi's World View: Intimations of Peaceful World Society.* XIIth World Congress, August 9.14, 1982. International Political Science Association. Rio de Janeiro, Brasil, Ahmedabad, Índia: 1982.

PELTON, Leroy H. *The Psychology of Non-violence.* Nova York: Pergamon General Psychology Series, 1974.

PYARELAL, N. *Mahatma Gandhi: The Last Phase, I, II.* Ahmedabad: Navajivan, 1956, 1958.

RADHAKRISHNAN, S. *Mahatma Gandhi: Essays and Reflections on His Life and Work.* Mumbai: Jaico Publishing House, 1956.

RAI, Hira. *Bibliography on Non-violence and Satyagraha.* Varanasi: Navachetna Prakashan, 1971.

RAMCHANDRAN, G., MAHADEVAN, T. K. *Gandhi, His Relevance for Our Times.* Berkeley: World Without War Council, 1971.

RAMADHAR. *Gandhi and Mao.* Kanpur: Current Book Depot, Mahatma Gandhi, Marg., 1970.

ROBERTS, Adam, et al. *Civilian Defence.* Londres: Peace News, 1964.

ROLLAND, Romain. *Mahatma Gandhi.* Paris: Librairie Stock, 1924.

SETHI, J.D. *Gandhian Values and 20th Century Challenges.* Patel Memorial Lectures, 1979. Publications Division. Ministry of Information and Broadcasting, Government of India, 1979.

SHEPARD, Mark. *Gandhi Today: A Report on Mahatma Gandhi's Successors.* Simple Productions, 12 east 15th Street, Arcuta, Califórnia: 1987.

SHRIDHARANI, Krishnalal. *War Without Violence.* Nova York: The Fellowship of Reconciliation.

TANDON, Vishwanath. *The Social and Political Philosophy of Sarvodaya After Gandhi.* Rajghat, Varanasi: Sarva Seva Sangh Prakashan, 1965.

TICKNER, J. *Self-Reliant Developments Versus Power Politics: A Comparative Theoretical Analysis of India and the United States as Newly Independent Nations.* Ann Arbor: Michigan: EUA University Microfilms International, 1983.

TINKER, M. Jerry. "The Political Power of Non-Violent Resistance: The Gandhian Technique". *The Western Political Quarterly,* vol. XXIV, Nº 4, 1971.

UNNITHAN, T. K. N. *Change Without Violence: Gandhian Theory of Social Change.* Ahmedabad: Gujarat Vidyapith, 1987.

VIR. DHARMA. *Gandhi Bibliography.* Nova Délhi: Udyogshala Press, 1961.

WOODCOCK, George. *Gandhi.* Londres: Fontana/Collins, 1974.

GLOSSÁRIO

O autor traduz ou define a maioria dos termos de origem indiana – e outros – imediatamente após sua introdução ao longo do texto. Abaixo, mencionamos alguns em que esse procedimento não é observado, ou que necessitam de elucidação mais detalhada. Na maioria dos casos, porém, o significado das palavras e expressões estrangeiras é compreensível pelo sentido das frases.

Ahimsa. Termo sânscrito (a = não + himsa = dano ou injúria) que significa "não-violência" em qualquer das esferas da ação humana, ou seja, física, verbal, ou mental.

Ashram. termo sânscrito *(aśrama, śrama)* cujo significado original é "eremitério" ou retiro onde vivem religiosos dedicados à oração, ao estudo e às práticas espirituais. Mais tarde, o termo passou a significar "comunidade", onde se leva uma vida simples e devotada.

Karmayogi. Aquele que pratica karmayoga, o agir com retitude, conforme a verdadeira natureza do ser, sem apego aos resultados da ação empreendida, conseqüentemente, uma maneira de agir que propicia um estado de liberdade e contentamento.

Rama Raj. Reino de Deus ou de Verdade. A utopia social de Gandhi. Ordem social na qual os conflitos podem ser melhor resolvidos por meio do *satyagraha.*

Sarvodaya. A melhoria social alcançada com a participação de todos. A ordem social que pode ser alcançada por meios não-violentos. Sociedade na qual a não-violência pode com mais facilidade ser a lei da terra.

Satyagraha. Busca incessante e determinada da verdade. Expressão criada por Gandhi e seus colaboradores, com base nos termos sânscritos *satya* (verdade) e *agraha* (firmeza, constância). *Satyagrahi*: aquele que se compromete com o processo do *satyagraha* e dele participa ativamente. O *satyagraha* é uma forma de alcançar a Verdade (*satya*) agindo no conflito, de modo a sustentá-la.

Swadeshi. Compromisso nacional, durante a ação de Gandhi pela independência da Índia, para não comprar produtos estrangeiros e valorizar o uso dos produtos nacionais.

Swaraj. Literalmente "autogoverno, autonomia, governo por si mesmo". Durante a ocupação britânica da Índia, esse foi o nome do partido político que lutou pela independência.

Varnas. O mesmo que castas.

Outras obras da editora

Aceitação de si mesmo e As idades da vida, A	*Romano Guardini*
Amkoullel, o menino fula	*Amadou Hampâté Bâ*
Anais de um simpósio imaginário	*Beto Hoisel*
Anatomia da cultura	*Aldo Bizzocchi*
Animais e a psique, Os	*Denise Ramos, et al.*
Árvore do conhecimento - as bases biológicas da compreensão humana, A	*Humberto Maturana e Francisco J. Varela*
Ariano Suassuna – O cabreiro tresmalhado	*Mª Aparecida L. Nogueira*
Autobiografia – Minha vida e minhas experiências com a verdade	*Mohandas K. Gandhi*
Butoh, dança veredas d'alma	*Maura Baiocchi*
Carta a um amigo	*Nagarjuna*
Conquista psicológica do mal, A	*Heinrich Zimmer*
Coração da filosofia, O	*Jacob Needleman*
Cultivando a mente de amor	*Thich Nhat Hanh*
Deuses do México indígena	*Eduardo Natalino dos Santos*
Dhammapada	*Trad.: Nissim Cohen*
Ética, solidariedade e complexidade	*Edgar Morin, et al.*
Falsafa: a filosofia entre os árabes	*Miguel Attie Filho*
Filosofias da Índia (edição revisada e ampliada)	*Heinrich Zimmer*
Forjadores espirituais da história	*Ignacio da Silva Telles*
Gandhi: Poder, parceria e resistência	*Ravindra Varma*
Grinalda preciosa, A	*Nagarjuna*
Héracles	*Eurípides*
Livro tibetano do viver e do morrer, O	*Sogyal Rinpoche*
Máscaras de Deus, As mitologia primitiva – vol. 1 mitologia oriental – vol. 2	*Joseph Campbell*
Mente zen, mente de principiante	*Shunryu Suzuki*
Minha terra e meu povo	*Tenzin Gyatso, XIV Dalai Lama*
Mitos e símbolos na arte e civilização da Índia	*Heinrich Zimmer*
Muito prazer, São Paulo! - Guia de museus e instituições culturais de São Paulo	*Simona Misan e Thereza C. Vasques*
Oração centrante	*M. Basil Pennington*
Páginas de uma vida	*Ignacio da Silva Telles*
Paixões do ego – complexidade, política e solidariedade, As	*Humberto Mariotti*
Para uma pessoa bonita	*Shundo Aoyama Rôshi*

Poder do mito, O	*Joseph Campbell e Bill Moyers*
Roca e o calmo pensar, A	*Mahatma Gandhi*
San Juan de la Cruz, o poeta de Deus	*Patrício Sciadini, OCD*
Soluções de palhaços	*Morgana Masetti*
Transdisciplinaridade	*Ubiratan D'Ambrosio*
Valor das emoções, O	*M. Stocker e E. Hegeman*
Vestígios – escritos de filosofia e crítica social	*Olgária Matos*
Yoga – imortalidade e liberdade	*Mircea Eliade*
THOT	*Publicação de ensaios*

Co-edição – Palas Athena/EDUSP:

Diálogos dos mortos, Luciano	*Henrique Murachco*

Prezado leitor da obra
O caminho é a meta: Gandhi hoje

PALAS ATHENA

Para que possamos mantê-lo informado sobre as novidades editoriais e as atividades culturais da Associação Palas Athena, solicitamos o preenchimento dos campos abaixo, remetendo o cupom para a Editora Palas Athena, Rua Serra de Paracaina, 240 - São Paulo, SP - CEP 01522-020 ou pelo FAX (11) 3277.8137.

Nome . . . .

Profissão . . . .

Endereço . . . .

Cidade . . . . Estado . . . .

CEP . . . . Fone (   ) . . . .

Fax (   ) . . . . Celular (   ) . . . .

E-Mail . . . .

Áreas de interesse:

- ❑ Mitologia
- ❑ Filosofia
- ❑ Religiões
- ❑ Antropologia
- ❑ Educação
- ❑ Psicologia
- ❑ Cultura de Paz
- ❑ Outras áreas:

. . . .

. . . .

. . . .

Acabou-se de imprimir
na Primavera do ano 2003
nas oficinas da Gráfica Palas Athena.